ブックレットNo. 5

が風化している！

ず、次世代にしっかりと語り継ごう！—

目　次

（はじめに代えて）

序章

風化する火災教訓　最近、海外ではともかく、日本国内で大規模建物火災発生の話は、とんと聞かなくなりました。

このためか「……ビル火災頻発の時代以後に生まれた人々がいまや建築の設計、施工、そして行政の第一線に立とうとしている。彼らにとっては、ビル火災の多発はもはや歴史上の事件でしかなく、超高層ビルの火災はもはや小説か映画でしか知ることがない（そう言えば『タワーリング・インフェルノ』というビル火災を描いた映画があったが、これも古い話になった）。

この平穏な状態を二一世紀にも持続させるには、高層建築における火災危険性の本質を、ビル火災を知らない世代の人々にしっかりと伝えてゆく必要がある……これまで建築防災にかかわってきた我々には、そうする責任があると思う……」（濱田信義「〃無事故〃と〃安全〃は違う」『建築防災』二〇〇〇年一一月号一頁）というように、次第に火災教訓が風化することが危ぶまれています。

たしかに現在では、超高層ビル火災の恐怖を描いた映画「タワーリング・インフェルノ」（昭和五〇年）の話は、若い世代には通じないかもしれません。それだけに当時頻発した高層ビル火災等に直面した建築防災関係者が、その教訓を何とか次の世代に語り継ぎたいと、その「責任」を痛感されるのは、いわば当然かもしれないのです。

しかし、高層建築の火災危険性（むしろ大規模建物火災）の危険性を、次世代に語り継ぐべき「責任」は、建築防災関係者に限らず、それにも増して、消防予防行政の第一線に立つ消防職員や、さらには大規模建物等の防火管理業務を現に行っている防火管理関係者にも、また、次世代に語り継ぐ「責任」があるのは改めて言うまでもありません。

拙著『新しい防火管理』（近代消防ブックレット№.1三六頁）では、最近の各防火対象物の出火傾向が、バブル時代とも関わりなく長期低落傾向にあり、大規模建物火災も近頃影を潜めつつあることを明らかにしています。しかしそれとともに、我が国の定期航空各社では、日航の御巣鷹山事故（死者五二〇人、一九八五年）以来、既に一五年間以上も死亡航空事故は発生していないと指摘しつつ、同時にこの傾向は事故発生の一つの〝うねり〟と見るべきか、とする意見（黒田勲『安全文化の創造へ』中央労働災害防止協会一一頁）も紹介しています。

つまり、航空機事故の減少と同様に、火災発生の長期低落傾向も、また〝うねり〟の一つかもしれないのです。もしそうだとすると、それが反転した場合の大災害の発生に備えて、防火管理関係者等は、なお一層、語り継ぐべき責任を果たさなければならないことになるのではないでしょうか。

風化する震災教訓　しかし、この「責任」は本当に果たせるのでしょうか？　今日の世情を見れば疑問なしとしません。死者六四三五人の犠牲者、全半壊約二五万棟の大被害を出したあの阪神・淡路大震災（平成七年一月一七日）の貴重な震災教訓さえ、次第に風化しつつあると厳しく批判されています。例えば、「列島異変の時代に」（〃阪神・淡路大震災6年フォーラム〃朝日新聞等主催）で、作家の高村薫氏は次のように語っています。

「……六年もたつと、周りもすっかり震災を忘れている。世の中全体が震災の痛みを忘れ、世間の関心は復興へと移る……個人的には、本当に阪神・淡路大震災の経験が生きているとは思えない……。

例えば、東京では昨年の防災訓練で、自衛隊の装甲車が銀座を走った。私は阪神・淡路大震災を経験した一人として、いざという時に自衛隊の出動が大切だということは痛感している。しかし、大きな地震があるかもしれない東京ですべきことは、軍事パレードのような防災訓練でいいのか。装甲車やヘリコプターを繰り出す前に、東京はこの六年間、地震に備えて何をしてきたのだろう……。

住宅密集地も高速道路もガラスだらけのビルも、空中に張り巡らされた電線も、ひとたび地震が起きれば凶器になる。だが、私たちはそこに住んで、経済活動をして国を支えているのであるから、もっと大きな声を出して、何とかしろと言ってもいい。それで国が何もしないのなら、国が私たちを見捨てたということと同じだ……」(平成一三年一月一四日付朝日)。

国や地方自治体においてすら、震災教訓は遠い彼方のものとなりつつあるのです。そして、このことについては住民もまた同様なのです。総理府の世論調査（平成九年）では、阪神・淡路大震災直後の「地震」に対する関心が、六三・一%と他の災害に比してずば抜けて高かったのが、五一・五%と次第に漸減する傾向を示しています。また、デパートの防災グッズ売場が年ごとに縮小され、売れるのはその後に強い地震が起きた、鳥取県西部、芸予、静岡県中部地域のみというのも、阪神・淡路大震災の震災教訓が人々の間で次第に風化し、朽ち果てつつあることを如実に示しているのではないでしょうか。

八〇余年前の火災事件の回顧

このように、世界を驚愕させた阪神・淡路大震災でさえ、次第に忘却の彼方に消え去ろうとしつつあるような現状なのですから、ましてや大規模建物火災で多数の死者が発生した災害とは言え、大震災とは比較にならない被害（我が国でビル火災による最大の死者発生は、千日デパート火災事件―昭和四七年五月一三日発生―の一一八人）である以上、それぞれの火災教訓が風化の一方を辿ったとしても、熱し易く冷め易いといわれる我が国の国民性からすれば、あるいは止むを得ないのかもしれません。

しかし、一方、遙か遠く八〇余年も前に発生した火災事件を改めて回顧し、その五〇年祭には犠牲者の冥福に深い祈りを捧げ、火災が発生した場所に記念碑を建立した、という事例もあるのです。

さらには、単に過去の悲惨な事故を回顧するばかりでなく、ほぼ六〇年前の原因不明の大規模建物火災事件を、今、改めて最新の火災モデルを使って火災原因の究明をしようとする試みさえ伝えられています。いずれもこれらの事例は、我が国ではなく米国の話なのです。

この、実に驚くべき米国の防災関係者のねばり強さ、そして、五〇年を契機として、その火災事件の持つ社会的意義を決して風化させず、改めて回顧しようとする、米国の防災関係者のこの息の長さは、我々も、もっと真摯に学ぶべきではないのでしょうか。

日本におけるビル火災の嚆矢とされるのは、かの有名な白木屋デパート火災事件（昭和七年一二月一六日、死者一四人）なのですが、今から約七〇年前のこの大事件について、五〇年を契機として関係者らによる慰霊祭が行われたという話など、およそ聞いたことはありません。そして、現今、火災専門誌でさえも白木屋デパート火災事件を回顧するような例は殆どありません。もちろん他の火災事例でも同様です。

失敗から学ぼう！　さてそれでは、日本では火災教訓を伝承する必要がないのか、ということになるのですが、徒に貴重な過去の火災教訓を風化させ、捨て去ってよいという理由はありません。過去の火災事件において累々たる死者の山を築いたのも、その原因を一言で言うならば、内容の差はあれ、すべて「防火管理の失敗」に帰因するものであると断言しても、いささかも過言ではありません。

だからこそ、「人は失敗から学び、さらに考えを深めてゆきます」、「大事なことは……自分で体験しないまでも、人が、〝痛い目〟にあった体験を正しい知識とともに、伝えることです……〝痛い話〟というのは、〝人が成功した話〟よりずっとよく聞き手の頭に入るものなのです」（畑村洋太郎『失敗学のすすめ』講談社）が指摘するとおり、失敗の痛みとしての火災教訓を、しっかりと次世代に語り継ぐ必要があるのです。

そしてまた、単に語り継ぐだけではなく、「失敗学」というのは、「失敗の特性を理解し、不必要な失敗を繰り返さない」（同書）ことにあるのですから、〝防火管理〟についても、この失敗学の考え方を導入して、各火災事例につき、何が問題であったかを、今日的な目で改めて検証する必要があるのは言うまでもありません。

しかし残念ながら、わが国の消防・防火関係者等の間では、米国のように八〇余年は愚か五〇年前の火災すら、それを回顧し、現在の安全に生かそうという試みなど全く見られないのです。多数の人々の生命と代償に得られた貴重な火災教訓が、虚しく時の流れとともに朽ち果て、そして消え去ろうとしているのです。

このような滔々たる忘却の流れに抗すべき術《すべ》はもとよりないのですが、しかし、微力たりともと、本書では幾つかの過去の火災事例を集め、その内容の特異性に注目して分類し、再び不必要な失敗を繰り返さないための「失敗の特性」を本書なりに明らかにし、火災教訓の語り部としての役目を果したいと考えたのです。このためまず、第一部では米国の事例―殆ど執念とも言うべき執着力で過去の火災事件に拘り続ける―を紹介し、第二部以下では、本書なりに必要と考えた火災事例の教訓の紹介と、その問題点を明らかにしました。

もちろん、全火災事例を網羅することは、本書のよくするところではないのですが、少なくとも今後の防火管理に最低限必要な火災教訓―耳の痛い話―は、とり挙げられたのではないかと考えています。本書が、現に防火管理関係業務に従事しておられる方々の今後の職務遂行の参考になるとともに、今後、予想される大規模火災事故防止のために、幾分なりともその役目を果たすことができれば、これに過ぎたる喜びはありません。

著者　森本　宏

追記

本書の校正中に突然、新宿歌舞伎町明星56ビル火災の悲報が飛び込んできました。冒頭に述べた「日本国内で大規模建物火災発生の話は、とんと聞かない」どころの話ではありません。しかし、これは続いて本書で述べているように、事故発生の一つの「うねり」と見れば何の不思議もなく、筆者はだからこそ「うねり」の反転に備えて、防火管理関係者等は、「なお一層、語り継ぐべき責任がある」としています。本書はその意味である種の「予言」を果し得たのではないかとも考えています。ご愛読いただければ望外の幸せです。

第一部 忘れまじ！ 遙か遠く忘却の彼方の火災事例

『ＮＦＰＡジャーナル』誌は、一九一一年、ニューヨークで発生した縫製工場火災の問題点について、今、改めて回顧しているのですが、日本で言えば明治四四年の出来事の回顧ということになります。年譜を繰ってみると、「大審院、大逆事件に判決を下す」「清国に辛亥革命勃発」等の項が見られるのですが、その頃、日本にはどのような火災があったのでしょう？

第一章 トライアングル社火災（米国）

① 八〇年後の回顧

教訓は現在も生きている！

『ＮＦＰＡジャーナル』（全米防火協会広報誌、一九九三年五・六月号）は、一九一一年（明治四四年）ニューヨーク市で発生した縫製工場火災（死者一四六人）を回顧し、その悲惨な火災状況を八〇余年後の現在に、改めて紹介しているのですが、その記事は次のような一文から始められています。

「本火災で縫製作業員が一四六人も死亡したため、これを契機に米国の工場作業における生命と火災の安全対策が著しく改善された。しかも八〇年後の現在でも、本火災の教訓は、なお、生きていると言えるのではないか」

五〇年祭

次いで本火災の概要が述べられているのですが、その終章は次のように結ばれています。

「今日、アシュビルはニューヨーク大学となっている。一九六一年、悲劇の五〇周年記念には、全国女性縫製労働組合同盟が、街区のビルの一角に、この地で失われた多くの人々の名前を後世に知らせるために、ブロンズの額を設置した。

『……彼らの殉難から社会的責任が明らかにされた。このことから全世界の中で最も良い労働条件が立法されることになった』。

トライアングル社火災による社会改革は、われわれの生活に多方面にわたって影響を与えた。その最大のものは社会をして目覚めさせ、今まで無視されてきた災害を認めさせたことである。

フランシス・パーキンズ（筆者注・本火災の二〇年後に、ルーズベルト大統領の下で女性の初代労働長官となった）は次のように言ったのである。

『トライアングル社火災は、生産現場全体を赤々と照らす炬火であった』」（前同）。

当時の劣悪極まる労働条件下における火災で、多数の女子縫製作業員が死亡した事件だけに、社会的に大きな反響を呼び、これが端緒となって労働関係法令の改正に結びついたとされる火災事例なのですが、それにしても事故発生後、五〇年周記念が行われたというのは、日本の現状と比較して驚くべき執念ともいうべきでしょうか。

八〇余年後も　ここには少なくとも、過去の悲惨な火災教訓は絶対に風化させない、忘れないという米国人の恐るべき確信（「リメンバー・パールハーバー」もそうなのでしょう）のようなものさえ見受けられるのですが、さらに驚くべきことは、この火災事件は八〇余年後もなお、そのフォローが続けられていることです。例えば、上記の記事もそうですが、この火災で幸い生還した女性作業員の最後の一人であるベッシー・コーヘンが、一〇七歳で死亡したことを『NFPAジャーナル』（九九年一一・一二月号）が、現在の連邦労働安全衛生法の改正のからみとの関連で報じています。

これに反して、我が国で最初の本格的ビル火災と称された白木屋デパート火災が発生したのは昭和七年、現在からすれば六九年前の昔ですが、しかし、その五〇周年記念が行われたという話も聞かず、さらに、その後の従業員の消息を伝えたような記事が、新聞や消防関係誌等に取り上げられたことはありません。もっとも最近、ＮＨＫのプロジェクトＸ「炎上！　男たちは飛び込んだ」―平成一三年五月二二日放映―で、〃ホテル・ニュージャパン〃火災が取り上げられたのですが、これは僅か一九年前の事件に過ぎません。

日米の国力の差、あるいは文化の違いはあるにしても、少なくとも火災教訓風化防止力には大差があるのです。だからと言って風化の放置が許されるわけではなく、その日米の差を少しでも縮めるためには、防火関係者の一人ひとりが、過去の火災教訓の重要性をしっかりと心の底に刻み、それを語り継いで行く以外に妙手はありません。

ところで、米国で八〇余年も忘れられていないという悲惨な火災事件とは、どんな内容だったのでしょう。その火災概要を『ＮＦＰＡジャーナル』誌から紹介するとおよそ次のようになります。

②　火災及び避難の概要

八階から出火　……六〇〇人近くが働くトライアングル社はマンハッタン近くのアシュビル（一〇階建）の最上階の三階層を占め、八階には二七五人（大部分は女性で縫製作業に従事）、九階は約三〇〇人で縫製と裁断、一〇階は事務室、倉庫及び作業場で婦人シャツの仕上げが行われていた。

一九一一年三月二五日午後四時四五分、終業ベルが鳴った直後、八階の裁ち屑の収納箱が燃えだし、これを発見した男性の裁断係など数人がバケツによる消火、さらには屋内消火栓のホースを引き出して消そうとしたもののいずれも失敗、付近は至るところに布の束や紙類が散乱しており、さらに床はミシン油で汚れていた等があって、火災は急速に広がった。

階段に殺到　避難経路は四つあった。二つの屋内階段と屋外避難タラップ及びそして二基のエレベーターであった。しかし、階段は急勾配で狭く二人がやっとすれ違える程度であり、屋外避難タラップは幅一七インチ半しかなく、より危険であった。八階の作業員の大部分は階段を目指して押し寄せた。だが、一つの屋内階段はロックされていた（怠業防止のために）。

混沌、混乱、パニックの極みであったが、何とか一〇階と八階の作業員たちは避難した。しかし、覚知が遅れた九階の作業員たちは不運であった。九階の人々は、その階の下が地獄となっていることを、九階の大きな窓の外が炎と煙に包まれるまで全く気づかなかったのである。そしてその直後にパニックが発生した。二つのグループが、それぞれ離れた二つの階段に向かって波のように動いた。一つの階段では一五〇人ほどの人が狭い階段に入ろうとして争った。一〇〇人以上の人が八階の階段が通れなくなる前に避難した。しかし、残った人々は死に直面した。

避難タラップ崩壊　他の階段に突進したもう一つのグループは、ドアが施錠されているのを知った。何人かは別の階段に引き返し、何人かは避難タラップに向かい、大部分の人はエレベーターに向かった。しかし、鈴なりになった避難タラップは、火災の熱と重さに耐えきれず崩壊し、人々は燃えながら落下していった。

最後のエレベーター　九階で取り残された人々にとって、エレベーターが脱出の最後のチャンスとなった。最後の数回は定員の二倍を運んだと運転員は次のように言う。「彼らは私の髪の毛を引っ張り、頭上に飛び込んで来た。エレベーターの籠の屋根によじ登り、人々の頭の上に人を詰め込んだ」。エレベーターは最後には七階までしか行けなかった。軌道が熱で歪み運転不能となったからである。ロビーに戻ったエレベーターの屋根の上に、飛び降りてくるドシンドシンと音が次々と響いた。

死のジャンプ　消防隊は階段やエレベーターから、人々がドッと吐き出されてくるビルの中に入って行った。しかし、次々と上から飛び降りてくるため、消防隊や警官は一時的にビルから離れざるを得なかった。ちょうど五時過ぎに若い女性が九階から飛び降り、途中で建物の障害物に激突した。一万人にも及ぶ群衆は、彼女の服が燃え、錘《おもり》のように落ちて死ぬのを目撃した。

間もなく死のジャンプは終わったが、六〇人以上の遺体が街路上に横たわっていた。三〇分後、火災は鎮圧状態になった。四時間後、エレベーターの竪穴の地階部分から、溺死直前の従業員が発見された。これがビルから飛び降りて生還した最後の人となった……。

③　責任の追及

法令の範囲内？　火災後、各行政機関は責任逃れに懸命だったと言われています。州知事は建築局に責任があると言い、地方検事は、工場の火災安全規則に関しては、州労働局に責任があると主張し、共同住宅局、水道局、警察その他は、火災予防の権限を持っているにもかかわらず、権限を行使しなかったことにつき、責任があるとされたのです。

また、会社の二人の共同経営者（出火当時、一〇階の事務室にいたが、屋上から隣のニューヨーク大学の屋上に避難した）らは、いかなる責任を負うものではなく、一貫して非は建築基準法にあると言い続けたのです。現に、その後の建築局等の調査によれば、避難階段はじめ、熱式火災報知システムなどは法令以上に設備され、各階には多くの水バケツが配置され、各階段には屋上タンクを水源とする屋内消火栓も設置され、外部からの送水も可能であり、かつ、地階には散水設備もあったというのですから、当局も「このビルは他と比較しても普通であり、法令の範囲内にあった」と結論せざるを得なかったのでしょう。

共同経営者二人は無罪　建築物及び設備が適法であれば、あとは防火管理の落ち度を問題にする以外に刑事責任を問う方法はありません。一九一一年四月一一日（火災から一七日目）、二人は起訴されました。起訴事実は、階段近くで従業員の一人が焼死したのは、二人が階段ドアを閉鎖し避難を妨げたという故殺（日本でいう過失致死）の疑いでした。

審理は三週間続けられ、一五五人の証人が呼ばれました。問題点は三つ。すなわち、火災の際、ドアは閉鎖されていたのか？　犠牲者がでたのは、そのドアの閉鎖に直接帰因するのか？　被告人はその閉鎖の事実を知っていたのか？　でした。

陪審員は一時間五〇分の協議後、無罪評決を出したのです。その理由は明確ではありません。しかし、少なくともこの評決が世論の期待に如何に反していたかは、二人が裁判所を出るときに警官の護衛を必要としたことからでも分かります。

④　「ニューディール政策」の源流

犬死ではない犠牲者　トライアングル社の二人の共同経営者が、防火管理責任について無罪になったことは、この火災で犠牲者となった一四六人の死は全くムダだったということになるのでしょうか。

この火災後、女性労働組合同盟本部は直ちに活動を始め、これを受けたニューヨーク州知事は工場調査委員会を設立し、全州の工場の防火、安全、衛生の状況の調査が行われたのです。そして、この委員会の四年間の成果が、労働関係法令の幾多の改正の端緒となったのです。また、第一八回ＮＦＰＡ年次総会（シカゴ、一九一三年）で、「生命・安全委員会」が設立されるなど、これらが現在の防火・安全基準策定の基盤となっていったことを考えれば、一四六人の犠牲者の命は決してムダではなかったことは明らかです。いや、それだけではないのです。

決して忘れない！　先に述べたフランシス・パーキンスは、コロンビア大学の大学院で学びながらセッツルメントで働いていたのですが、アシュビルから飛び降りる犠牲者を目撃したことなどから、工場調査委員会の執行委員として選ばれ、爾後、労働・安全等の専門家として活動し、その後、州労働局に一〇年間も勤めたのです。

たまたまフランクリン・ルーズベルトが州知事になった時、既に彼女の力量を知っていた知事は、直ちに女性として初めて局長に抜擢したのです。そして大不況の最中、フーバー大統領の後を受けて大統領に就任したルーズベルトは、かの有名な〝ニューディール〟政策を打ち出したのですが、労働、雇用問題がその根底にあるニューディールを進めるのに、労働、雇用、婦人問題等の新しい専門家を必要としたのは言うまでもありません。

かくて、女性閣僚として初めてフランシス・パーキンスが労働長官となったのですが、その時彼女は、社会的責任を果たすために、今、米国は〝挑戦する〟と題して講演し、多くの対策の源流は、たった一つの出来事から発すると、次のように述べたのです。

「われわれは、ニューディール政策を公約しているルーズベルト大統領を選んだ。しかし、この政策は、一九一一年三月二五日の恐るべき火災で、哀切極まる犠牲者を多数出したというニューヨーク州の経験がその基盤になっているのである。彼らは犬死したのではない。われわれは決して彼らを忘れないであろう」。

この時代に米国では、トライアングル社以外に大規模火災がなかったわけではありません。例えば、ローズ・オペラハウス火災（一九〇三年、一七〇人死亡）、シカゴ市のイロクオィス劇場火災（同、六〇二人死亡）、オハイオ州のレークビュー・グラマースクール火災（一九〇八年、一七五人死亡）等々、悲惨な火災事件が相次いでいるのです。ところが、ひとりトライアングル社火災事件のみ、現在でもなお語り継がれるのは、フランシス・パーキンス長官が述べているとおり、劣悪かつ危険な労働環境で作業を強制された工場作業員の安全と環境の改善が、その後のニューディール政策の経済・労働対策等との源流となったからなのでしょう。

しかし、いずれにしても八〇余年前のビル火災事件が、全く風化することも、朽ちることもなく、これほどまでも正確に現在まで語り継がれていることは厳然たる事実です。そしてこのことは、ひとり、トライアングル社火災のみならず、次の事例においても全く同様なのです。

第二章　ココナッツ・グローブ火災（米国）

①　五〇年後の回顧

記念碑建立　ファイアー・ジャーナル誌（一九九二年一一・一二月号）は当時、短く次のような記事を掲載しています。

「ココナッツ・グローブ火災のあの悲惨な日を記念するため、九二年一一月二八日にボストン市では五〇周年の記念行事を行うことが計画されている。この火災では四九二人が死亡し、米国史上最大の災害の一つとなった。最近のボストン・マガジンによれば、ナイト・クラブの跡地に記念碑を建てることも計画の中に含まれているという。

この火災は多方面に影響を与えた。特にこの悲劇は救急医療と火災と、ビルにおける人命安全の分野に重大な進展をもたらした。この災害の結果、火災工学が開発され、ペニシリンが火災の被害者に最初に使用された。そして、医療機関において肺熱傷の患者の知識が増大した……」。

この火災事例においても、ボストン市がその五〇周年記念として、記念碑の建立や記念イベントを計画していることが明らかにされています。極めて短い記事なので事の詳細は分からないのですが、火災発生からちょうど五〇年目の一九九二年一一月二八日に、ボストン市が主催して記念行事を行うという趣旨であることは間違いありません。

しかし、何度も繰り返すようですが、日本で火災発生の〇〇周年記念行事が行われた事例など、筆者は寡聞にして聞いたことがありません。それでは我が国に、記念？　すべき火災はなかったかということになるのですが、先の白木屋デパート火災などはその適例で、もし、早期に記念の反省行事でも大々的に行われていたら、あるいはその後の千日デパート火災事件（昭和四七年五月一三日、一一八人死亡）、大洋デパート火災事件（昭和四八年一一月二九日、一〇四人死亡）などに対し、少なくとも何らかの影響を与えていたかもしれません。

五七年後の火災調査

さらに驚嘆すべきことは、ココナッツ・グローブ火災から五七年後の今日、その火災調査をもう一度やり直したことが報じられていることです。

「……五七年後の今日、この火災はいまだに火災原因と延焼・拡大速度とについて、熱烈な論争を招いている。公式発表は不明火となっている。殺虫剤用のアルコール蒸気が立ちこめていたとか、火災原因と延焼・拡大を説明するいろんな仮説が持ち出されているが、それを証拠立てるものはない……」（『ＮＦＰＡジャーナル』二〇〇〇年五～六月号）。もっとも、「このプロジェクトの目的は、ココナッツ・グローブ火災の出火点と原因を決定するつもりはなく、出火以後五七年に及ぶ科学の進歩の明かりで、未だ答えられない疑問を照らすことにあったのである……」（前同）とするように、出火原因等については決定されなかったものの、しかし、多数の人々が避難できずに館内で死亡したのは、単なるパニック状態によるもののみではなく、当時、館内冷房等に使用されていた冷媒（一〇～一五トン）のメチル塩化物が、火災熱により有毒ガスであるホスゲンを発生させたものであることを、この調査では突き止めています。

火災当時の調査員は、通常、冷媒にはフレオンが使用されていると考えていたのです。たしかに当時はメチル塩化物からフレオンに変換されつつあった時期ではあるのですが、しかし、その殆どが軍隊に割り当てられていたので、実際にはココナッツ・グローブでは、火災当時冷房機の冷媒にメチル塩化物を使用していたことを、今回の調査で明らかになったのです。この火災で救出に館内に入った消防隊員等が、まるで生きているように、テーブルに座ったまま死亡している人々を多数見かけているのですが、その理由もホスゲンによる中毒死と考えれば、頷けるのではないでしょうか。

さてそれでは、ココナッツ・グローブ火災というのは、どんな火災だったのでしょう。

②　火災概要

火災発生　「ココナッツ・グローブ最後のダ

ココナッツ・グローブ火災

ンス」（『ＮＦＰＡジャーナル』一九九一年五〜六月号）から、その火災状況を要約するとおよそ次のようになります。

……一九四二年一一月二八日（土）の午後一〇時過ぎ、ボストンにある古いナイトクラブのココナッツ・グローブでは、地元フットボール試合の応援客等で定員を一〇〇〇人以上上回る客がいた。火災は地階にあるメロディ・ラウンジの飾り付けの椰子の木から小さな火が発生した（注・ここでは、客がガールフレンドと彼のために、雰囲気を出すために電球を外そうとしたことにより出火したように述べられているが、先述のように定説ではない）。

火災を発見したボーイやバーテンダー等が、水差しの水や消火器等で消火しようとしたもののいずれも失敗。二人が燃えている椰子の木を壁から離そうとして倒したため火は一挙に拡大、天井に移りそして急速に拡大した。そしてパニックが起きた。ボストン消防局の調査によれば、火災がメロディ・ラウンジを横切って、唯一の避難階段に達するまで、僅か二分ないし四分だったとしている。数秒で階段は燃え上がり、火は一階のロビー、玄関を通り大食堂に達した。出火してから一階奥のラウンジに達するまで、約二二五フィートを約五分という信じられない早さで燃え広がった。数分の間にココナッツ・グローブは端から端まで地獄と化した。

パニック　パニックが起きた。叫び声や悲鳴と共に、群衆は唯一の分かりやすい出口である階段に殺到した。炎が階段に達するまで何人かは脱出できたが殆どの人は逃げられなかった。人間の壁が唯一の出口である階段を塞いだ。一階の大食堂では中央目指して火の玉が走った。テーブル掛けが燃え、火が全てを舐めた。そこから人の波が走り出した。

消防活動　一〇時一五分、サウスエンドのカーバー通りの火災報知器が鳴らされた。車両火災である。第三五小隊が出動した。消火後隊員の一人が叫んだ。「見ろ！　もう一つの火事があの角あたりにあるぞ」。そこには人々が至るところにいた。煙がブロードウェイ通りのドアから吹き出していた。小隊長は第二を飛ばし第三出場を要請した。この警報をボストン消防局が受信したのは一〇時二三分であった。しかし消防隊がクラブに接近したとき、出口から一挙に炎が吹き出した。

遺体の山　ブロードウェイ通りに面したクラブの壁の一部分はガラスブロックであり、崩壊し始めていた。消防士たちはガラスの向う側に遺体が次々に増えるのを見ながら狂気のように働いていた。そして建物の中に入って彼らを引き出したいと思ったが絶望的であった。消防士たちは速やかに消火を進め大食堂に入った。

火災は鎮圧され、大食堂から遺体が運び出された。テーブルは全て燃えたのではなかった。ある場所では人々は死亡しているとは言え、火傷を負った程度でまだ座っており、テーブルにうなだれるようにして死んでいたのである……。

③　責任の追及

査察職員の責任　この災害後、ボストン消防局では公聴会を直ちに開いて査察のあり方を問題にしています。最初の証人として査察担当の消防職員が呼ばれました。彼はココナッツ・グローブを火災の一週間前に査察し、「適」と報告していたからです。また、ボストンの他の公聴会でも法的制裁が進められていて、災害の一か月後、州の法務長官により大陪審が召集され、郡法務事務所から一〇人に出頭が命じられたのです。その中には市の建設局長もおり、右の消防職員もいました。

彼は殺人の従犯及び故意の職務怠慢の容疑だったのですが、しかし彼の弁護士は、査察職員は故意で人に危害を加えようとしたのではない。少々問題があったかもしれないが、通常の査察要領に従って査察を行ったのみであると主張し、これを聞いた陪審員は熟考三時間半に及んだ末、無罪評決としました。

建築法規の欠陥　しかし問題は、ココナッツ・グローブ火災発生当時の建築法規に重大な欠陥があったことです。このことはその後に全国の建築基準が改正され、レストラン・クラブ等については、回転ドアは出口としては不適当とされ、標準ドアが必ず付置されていること、装飾に付いては不燃材を使用し、内部仕上げは国家検定に適合したものであること、非常灯及びスプリンクラーの設置等が規定されたことを見ても明らかです。

五〇年後の教訓　この火災を回顧した「ココナッツ・グローブ最後のダンス」（『ＮＦＰＡジャーナル』前同）は次のようにその最後を結んでいます。

「……スプリンクラーが設置されていなかったことは、極端な専用出口の不足であった違法に、カゲが薄くされた感があるが、しかし、スプリンクラーが設置されておれば、この火災は劇的にその結果を変えていたはずである……ココナッツ・グローブの位置を思い出せる、記念碑もいかなる公的標識も今は残っていない。しかし、この火災によって死亡した被害者は決してムダに死んだわけではないことを証明することができるのである。

本火災を契機に防火規定や消防計画が改正されたが、それが効果を生むまでは長年かかるかもしれない。同様に本火災に際し、病院において発生した緊急の際のいくつかの問題点も、今後の医学分野の発展に寄与するであろう……火災から五〇年経った今日においては、われわれの犯した過失から学ぶべきことを、ひたすら希望するのみである」。

※火災教訓１

一日にして成果は成らず！

サパークラブの悲劇　さてそれでは、これらの悲惨な火災事例は、火災教訓として後世の防火対策に生かされたのでしょうか。残念ながらこれには、ノーと言わざるを得ません。ココナッツ・グローブ火災と全く同様の火災が、その三五年後に発生したからです（サパークラブ火災――ケンタッキー州サウスゲート、一九七七年五月二八日、死者一六四人）。その状況を『火災』（二八巻五号一―六頁）はおよそ次のように伝えています。

このクラブは一九七〇年のオープン以来増改築が何度となく繰り返され、不規則に広がるレストランやナイトクラブの面積は約四〇〇〇～六〇〇〇平方メートルあったとされ、内部は豪華なインテリアで飾られていた反面、壁、内装、ステージ等は全て可燃材であり、特に避難出口については、必要数が二七・五口であったにもかかわらず、火災の際に使用された八口を含め全部で一六・五口しかなかったのです。

さらに、ココナッツ・グローブ火災でボストン市では、ナイトクラブにはスプリンクラーの設置が義務付けられたのですが、州が違えば法規制がされていなかったのでしょう、サパークラブにはスプリンクラーは設置されていなかったのです。

火災が発生した午後八時四五分過ぎには二四〇〇人～二八〇〇人近い客が入り、そのうちの一三〇〇人ほどの客が奥のキャバレー・ルームでショーを見ていたところ、火災発生とともに停電し、真っ暗の中でたちまちパニックが発生し、この付近だけで一五九人死亡したとされるのですから、いかにすさまじいパニック状態であったかは、容易に想像がつきそうです。

だからこそ！　これをみる限り、三五年前のココナッツ・グローブ火災と全く同様の愚を再び犯し悲惨な火災教訓が全く生かされていなかったことが分かります。米国では消防法等（Fire Act）については、連邦政府に立法権限がなく州にあるとされるので（『米国の消防事情』海外情報センター三四頁）、全国一律規制が困難なことと、さらには相当の経費を要する防災設備の設置は、おいそれといかないことは日本でも同様で、これらのことがせっかくの火災教訓を生かせなかった大きな理由となったのでしょう。

しかし、だからと言って、これらの火災教訓がムダになっているわけでは決してありません。米国の防火関係者が、火災発生五〇周年を回顧して記念碑を建立し八〇余年前の火災をなお、フォローし続けているのは、これらの火災の教訓の伝承が、次世代にとっていかに重要であるかをよく知っているからなのです。

フランシス・パーキンスの「彼らは犬死したのではない。我々は決して彼らを忘れないであろう！」という心からの叫びは、今なお、米国防火関係者の胸に鮮烈に刻みこまれているのです。

第二部　開かない〝錠〟の恐怖

火災教訓には、スプリンクラーなどの消防用設備等が、幾多の災害の前例があるにもかかわらず設置されていなかったというような事例、いわゆるハード面についての不備・欠陥等が含まれるのは当然なのですが、それにもましてソフト面、つまり人間のちょっとした〝不注意〟によって発生する災害も、また重視する必要があるのは言うまでもありません。

次に**火災教訓2**として取り上げるのは火災の際に、開かない〝錠〟の恐怖です。火災に遭った際、しばしば、ドアの錠が開かなかったという話を聞くのですが、なぜなのでしょう？　錠が壊れていたのでしょうか。

第一章　知らなかった〝錠〟の開け方

（一）　精神病棟火災で六人焼死

①　焦って〝錠〟開かず

火災発生　話はやや古いのですが、しかし内容は決して錆び付いたものではなく、我々の周囲で今日明日にでも、また起きそうな話なのです。

昭和三五年三月一九日午前二時一〇分頃、国立療養所久留米病院（現国立久留米病院）一四病棟の六号室付近から出火しました。当直勤務中の男性看護人（二五歳当時）は、直ちに入院中の患者の救出のために現場に赴き、六号室に通じる廊下の仕切戸に下がっている南京錠を開錠しようとして、持ってきた鍵を鍵穴に差し込もうとしたとき、あいにくと停電したため周囲が暗闇になって、ますます鍵穴が分からなくなってしまったのです。

周章狼狽　火災は次第に大きくなり、周りから大声で救助を求める患者の騒ぐ声も聞こえて来ます。

しかし、焦れば焦るほど鍵穴に鍵が入らず、時間は徒に過ぎるばかりです。たまりかねて、この看護人が思いついたのは、石で錠を破壊しようということでした。そこで廊下を引き返して裏出口から外に出て、適当な小石を物色したのですが、なかなか見つからず、やむを得ず再び引き返して、今度は体当たりを試みました。廊下の仕切戸の扉に体を打ち当てたり、足で蹴ったりして何とか扉を開けようと数回試みたのですが、いずれも失敗、結局、扉は開けられなかったのです。

開いていた錠　この六号室の患者の救出を諦めた看護人はその後、他の病室の患者らの救助等に当たったのですが、程なく一四病棟は全焼したため、各病室にいた六人の男女の患者は焼死しました。

後日の調査によれば、この仕切戸の扉の〝錠〟は開錠の状態で下げられていたと言われています。もともと錠は開いていたのです。これでは看護人が仮に、鍵穴に鍵をうまく差し込んだとしても、開けられるはずがありません。このことを看護人が前もって知っておれば、何の苦労もなく扉を開けて、直ちに一四病棟の患者全員をあるいは救えたかもしれないのです。つまり、もう少し看護人が落ち着いて行動しておれば、右のような救出も可能であり、あるいは当直看護人として別の手段も講じる余地があり得たかもしれないのです。検察官はこの点を追及して看護人を業務上過失致死傷罪で起訴しました。

②　看護人の責任

過失責任　検察官は、精神病棟の当直看護人として、火災の際にとるべく行動について、およそ次のように述べています。「……このような場合……暗闇の中にあっても、なおたえず手探りにより右廊下の扉の錠前の開錠の有無を十分確認し、あるいは……詰所には……机の引き出しに懐中電灯を備え付けてあり、かつ被告人自身も巡回の際これを使用していたのであるから、直ちにこれを取りに戻って南京錠を照らしてみる等して、敏速に南京錠の既に開錠されている事実を察知し……直ちに扉を開披し……患者を避難させる業務上の注意義務があるにもかかわらず、不注意にもこれを怠り、手探りで開錠の有無を十分確認することなく、また懐中電灯を取りに戻ってこれを確認することも失念して、狼狽のあまり、徒に時を費やし……結局扉の錠前が開披されてあった事実を看過した過失により……焼死するに至らしめた」（福岡地裁久留米支部判昭三八・六・七）。

弁護側の反論　これに対して弁護側は、被告人は自らなし得る限りの救出行為をなしたものであり、当時の具体的情況のもとにおいては、被告人により以上の適法な行為を期待することは不可能であったと主張したのです。しかし、裁判所はおよそ次のように述べ、弁護側の主張を斥けています。

裁判所の判断　「……当時、精神病院の当直看護人であった被告人に対し、その業務の性質上、及び当夜の本件火災の情況等からして、……認定の程度の注意義務の履行を求めることは、火災の発生という緊急の事態のもとでの当時の種々の具体的事情を考慮したとしても……当時の被告人に対し、これを期待することが不可能であったものと解されない」として、被告人を禁固一〇月（執行猶予二年）に処しています（前同）。

③　平素の心構え

弁護側控訴　弁護側は一審判決を不服として控訴しました。理由は、問題になった南京錠は他の南京錠と比較して開き難かったもので、火炎下のとっさの間においては、被告人が開錠状態にあったことを確認し得なかったことに過失はないと主張したのです。

二審の判断　しかし二審はおよそ、次のように判断して、その主張を斥けました。「……その義務を遂行するためには、右南京錠の開閉の操作についても、平素から意を用い習熟しておくべきは当然であり、しかも被告人は同病棟看護人として二年数ヶ月勤務しており、当直の際にはその操作が容易に行える技能を有していたことが窺えるので、被告人が右南京錠が開披状態にあることを看過し、閉鎖状態にあるものと錯覚したのは、全く狼狽していたことに基因するものである」（福岡高判昭三九・一・二〇）。

平素の心構え　一審判示より二審の方が、「平素の心構え」を強調しています。確かに弁護側が主張するように、火炎の下で、つまり緊急異常事態の最中《さなか》、しかも停電中に手探りで錠前の状態を確認するというのは、事後的には言い得ても、実際にはなかなか困難なことでしょうし、懐中電灯の存在を思い出すのも、狼狽の極にあれば「度忘れ」という語もあるくらいですから、あるいはこれも困難なことかもしれません。

しかし、問題は火災が発生してからではなく、二審は平素から「意を用いる」、すなわち、平素からの注意が必要だったと判示しているのです。イザとなれば誰しもが慌てるのですが、平素から火災発生を想定し、周到な準備をしていれば、当然のことながら、この看護人は各扉に付けられている錠前の点検をしていたでしょうし、それが開披状態であることを知っていたならば、火災になっても慌てることなく、直ちに扉を開放することが可能だったことは言うまでもありません。

多くの火災事件では多かれ少なかれ、火災の際の人間行動の限界の問題が絡んでいます。確かに、火災という異常事態下の人間の行動には限界があるのです。例えば、本件一審判決も「……一面被告人が本件当夜ただ一人で患者数十名を収容する精神病棟の当直看護に当たり、突発的な火災の非常事態に直面し、狼狽の極適切な行動を採り得なかったことも一概に強く非難することはできない」ことを情状酌量の理由の一つとしています。

しかし、だからといって火災発生時に、人間には何も期待できないというものでは決してありません。それを可能にするのは本件二審判決が強調するように「平素の心構え」なのです。防火管理関係者はこの火災教訓を心に銘記してほしいものです。

(二) 非常口の開け方分からず焼死！

① 夜間警備員の過失

火災発生　わが国では昭和四〇年代前半から旅館・ホテル、デパート等の大規模火災が相次いで発生するようになったのですが、その幕開けともいうべき最初の火災事件が水上温泉菊富士ホテル火災であり、そして宿泊客の被害を大きくした理由の一つが、やはり非常口の解錠の方法を知らなかったことが挙げられるのです。生死を分けたのは錠の開け方でした。

昭和四一年三月一一日午前三時三〇分頃、水上温泉菊富士ホテル（群馬県水上町）新館（耐火造三階建延べ床面積七四六五平方㍍）の一階フロント横の夜間警備員控室（約五平方㍍）で、うたた寝していた警備員の足が石油ストーブに触れたために石油ストーブが転倒して出火、火災に気づいた警備員は着ていたジャンパーを脱いで、火を叩き消そうとしたのですが火は容易に消えず、次に消火器を使用したのですが、薬剤が出なかったのでこれも失敗、このため火災は次第に拡大し始めたのです。

その後の行動　警備員のその後の行動が問題でした。事務室内の火災報知器のボタンを押し（この時には既に地区ベルは鳴っていたとも言われる）、ついで役場に電話したものの応答がないので、近くの従業員宿舎に走って火災が発生した旨を告げ、再び引き返してホテルの向かいの旅館に行き、消防への通報を依頼したのです。しかし、この警備員の行動は明らかに間違っています。

当時、当ホテルには社長、調理人二人が宿直していたのですから、真っ先にこれらの人々を起こし、通報、応援要請等を手分けして行うとともに、次いでやるべきことは延焼防止と宿泊客の避難誘導であったことは言うまでもありません。ところがこれらのことが全く行われなかったのですから、新館の宿泊客八三人のうち三〇人が焼死するという悲惨な結果となったのです。

警備員の責任　このため夜間警備員の防火管理責任が問われ、業務上失火、業務上過失致死傷により、禁固二年六月の実刑という非常に厳しい刑が科せられました。「……被告人としては火を失しないように注意すべきはもちろん、失火した場合には、即刻宿泊客の生命、身体の安全を図るため、控室に隣接する防火シャッターを降ろして、火勢の拡大や延焼を防止し、また非常口を開放し二階、三階に就寝中の宿泊客等に対し急を知らせて、これを一刻も早く、外部に誘導して避難せしめるような措置を講じなければならない業務上の注意義務があるのにかかわらず、周章狼狽の余り、目前の消火等に気を奪われて時間を経過し、ために右の義務を尽くさ（なかった）」（前橋地判昭四二・三・三〇）と、いうのがその理由です。

社長の責任は？　本件事例では夜間警備員の失火により、多くの焼死者が発生したのですから、夜間警備員がその過失責任を問われるのは当然としても、社長の防火管理責任は問われてはいないのです。本件ホテルでは当夜総勢三団体二二八人もの宿泊客がいたのですが、これほど大勢の宿泊客が新館、旧館等に分散宿泊していながら、夜間の防火管理体制を警備員一人に任せて済むのでしょうか？　監督責任を重視する現在であれば、おそらく、社長の防火管理責任は免れなかったところでしょう。

②　非常口の開錠ができなかった宿泊客

洋式建具に不慣れ？　ところで宿泊客の方にも問題がなかったわけではありません。新館には二階（四〇人）及び三階（四三人）がそれぞれ宿泊していたのですが、極めて特徴的なのは二、三階とも建物の西側の部屋の宿泊客が殆ど死亡している事実です。建物の東側の二階の宿泊客は、気づいたときは廊下側は煙が充満して出られず、二階バルコニー（ほぼ東側部分のみ）に出て、何なく避難しているのですが、三階東側の宿泊客は、二階バルコニーに飛び降りるために布団を先に投げるなどして苦労して避難しています。それでも窓を開けるのに、クレセント錠の仕組みが分からず、ガラスを破壊してベランダに出ています。現在であれば一般家庭の窓は殆どこのクレセント錠なのですが、当時ではまだ珍しかったのか、開錠するより手っ取り早くガラスを破壊する方を選んだのでしょう。

問題は建物西側二、三階の宿泊客です。建物東側のように二階部分にバルコニーがないのですから、出るに出られず、といって廊下側は煙なのですから動くに動けずで、結局、部屋の中で殆どが死亡しています。

非常口の施錠　そうすると二、三階の宿泊客が避難する方法は全く無かったかということになるのですが、高木任之「群馬・水上温泉菊富士ホテル火災」（『近代消防』一九九二年九月号一〇六頁）は、非常出口を利用すれば助かっていたと次のように述べています。

「……廊下の西側にある屋外階段への非常口のドアが開けられていないことである。これは致命的であった。……屋外階段への非常口は、開けようと努力したフシがうかがわれる。しかし、このドアの把手は当時の新型のもので、ナイトラッチと共用になっている。従って、それを開放するには、内側から片手で、ラッチのノブを押し続けつつ捩ると良いのだが、それを別々に行っても開けることはできない。そこでキットかぎがかけられており、かぎなしでは開けられないものと、あきらめた様子である……」。

確かに二階廊下西側の非常口やや手前で三人が死亡しているのですから、もし、宿泊客の誰かがナイト・ラッチ式の錠の構造を知っておれば、死亡者の全員が助かっていたとまでは言えないにしても（廊下の煙の充満がかなり早かったので）、その中の何人かは非常口から脱出し得たかもしれません。死者三〇人中、男性は五人、女性は二五人、その平均年齢は五三・三歳で当時としては比較的年寄りの団体（前出高木）ではあったのですが、身体が不自由ならともかくとして、問題は、開錠方法を知っていたか否かが決め手なのですから、年齢はあまり関係はありません。

　筆者など旅館・ホテルに泊まる機会などそう多くはありませんが、それでも宿泊の度ごとに、真っ先に窓側の様子を確かめ、窓が開くことを確認しています。しかしそれでも、旅館・ホテルごとに窓の開錠の仕組みが悉く異なり、頭を捻って開放に成功するまでかなり時間がかかる時があるのですから、これが火災の際ともなれば、果たして間に合うかどうか自信はありません。だからこそ万端の事前準備を実行しているのです。

　次の事例は若い女性でさえ、火災の際、自分の職場の非常口

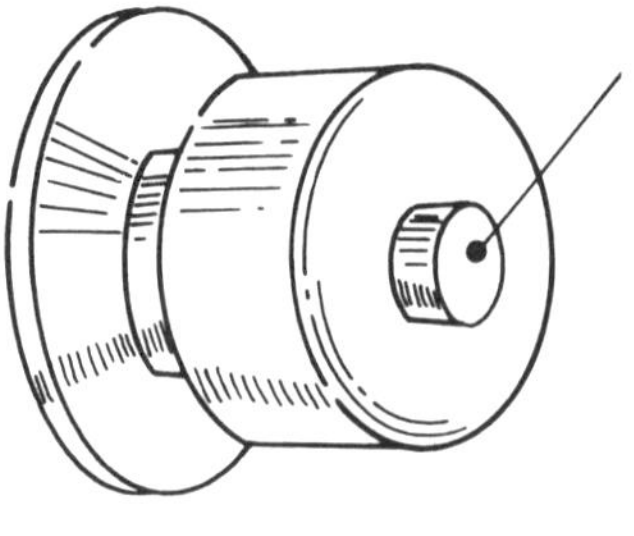
この「ノブ」を押したまま、
把手を廻すと開く。
別々に操作しても開かない。
（現在は、ノブを押すと閉まり、把手を廻すと自動的に開けられるよう改良されている。）

（前出高木）

の施錠を開けることができず、危うく窒息死亡寸前に消防の救助隊に助け出されたというものですが、それだけに火災の際の、窓や非常口における「開錠」問題の難しさを示しています。

(三)　女性二人　奇跡の生還

①　日本生命三宮ビル火災（神戸市）

火災発生　昭和六三年一一月九日午前九時一一分頃、神戸市の中心地ＪＲ三宮駅の北約一〇〇メートルほどのところにある日本生命三宮ビル（耐火造地下一階地上一二階建延べ床面積約一万一〇〇平方メートル、用途一五項）の七階から出火、七階七七二平方メートルのうち約四〇〇平方メートルを焼くとともに、八階事務所に煙損並びに七、六、五、四の各階の一部に水損を生じるなどの火災が発生しました。

当時、七階には日本生命の営業部があって、五五人の人がいたにもかかわらず、その倉庫から出火してそれが延焼拡大したのですから、やや珍しい火災と言えるかもしれません。火災報知設備の警報ベルが数秒鳴った後、事務室の倉庫付近にいた女性数人が煙が出ているのを発見、男性社員が倉庫の中を覗くと、人の背丈ほどの炎を確認、このことを直ちに営業部長に報告すると、営業部長も現場を確認した後、消防に通報を指示するともに、消火器を取りに走り、再度倉庫内に入って消火しようとしたところ、既に火災は倉庫の中程まで拡大していたので初期消火はムリと判断して、その後は社員に避難を命じています。

消防用設備等　本件ビルには消防用設備等としてスプリンクラー（九階～一二階）、自動火災報知設備、屋内消火栓、消火器等が設置されていたのですが、初期消火に消火器も屋内消火栓も有効に使用されていません。もし、営業部長が通報を指示するのとともに、屋内消火栓の使用を命じていたら、あるいはこの火災はボヤ程度で済んだかもしれません。初期消火に屋内消火栓を使用して悪い理由は何もないのですから、消火器にこたわらず最初から屋内消火栓の使用を心掛けた方が、その消火成功率が高いのは明らかです。

ところで不思議なことに、本件ビルにはスプリンクラーの設置が九階～一二階となっていて、八階から下の階には設置されていなかったのです。しかし、法令によればこれを適法とします。常識的に言えば、一つのビルの上部階にのみスプリンクラー設置していても、その下部階から出火すれば、上部階のスプリンクラーは何の役にも立たないことになるのですから、安全の面からすれば全階設置すべきだったのです。しかし、本件ビルも法令どおりに八階以下にはスプリンクラーを設置していなかったのです。ところが本件火災は七階から出火したのですから、せっかくのスプリンクラーも全く効果を発揮せず、宝の持ち腐れとなってしまったのです。もし、七階部分に設置しておれば難なく消火し得たことは言うまでもありません。

これは後日談ですが、神戸市消防局ではこの法令の矛盾を放置することは、第二、第三の日生三宮ビル火災の発生に繋がるとして、たとえ一一階以上の事務所ビルであったとしても、その全階にスプリンクラーを設置しなければならないとして、神戸市火災予防条例を改正しています。市民の安全を考えれば、当然の措置と言うべきでしょう。しかしながら、法令は依然そのままですから、本件ビルと同じようなビルでは、このような危険性はなお、残されているのです。

②　非常口の前で倒れる

訓練と勘違い　災害には必ず不運が連続して付き纏うものなのですが本件火災もそうでした。というのは、本件ビルでは火災発生の二日後に消防訓練を実施する予定で、防火管理者は文書を各テナントに配り、この旨を徹底していたのですが、これが逆に裏目に出て、防災センターからの非常放送がよく聞こえなかった一〇階のテナント等では、これを訓練放送と思いこみ、煙が侵入するまで逃げなかったため、間一髪のところを消防隊に救助されています。

一二階に女性二人　一二階の喫茶店従業員の女性二人（二四歳、四六歳）も、文書で回覧されてきた防火訓練と勘違いし、避難しなかったのです。煙が一二階に侵入してきて初めて火災と知り、防災センターの指示で逃げようとしたものの廊下は既に煙が一杯、それでも必死の思いでビル北側の屋外階段に接する非常口に辿りつきました。

非常口の甲種防火戸（当時）の向こう側では消防隊がドアを叩いています。このドアさえ開け

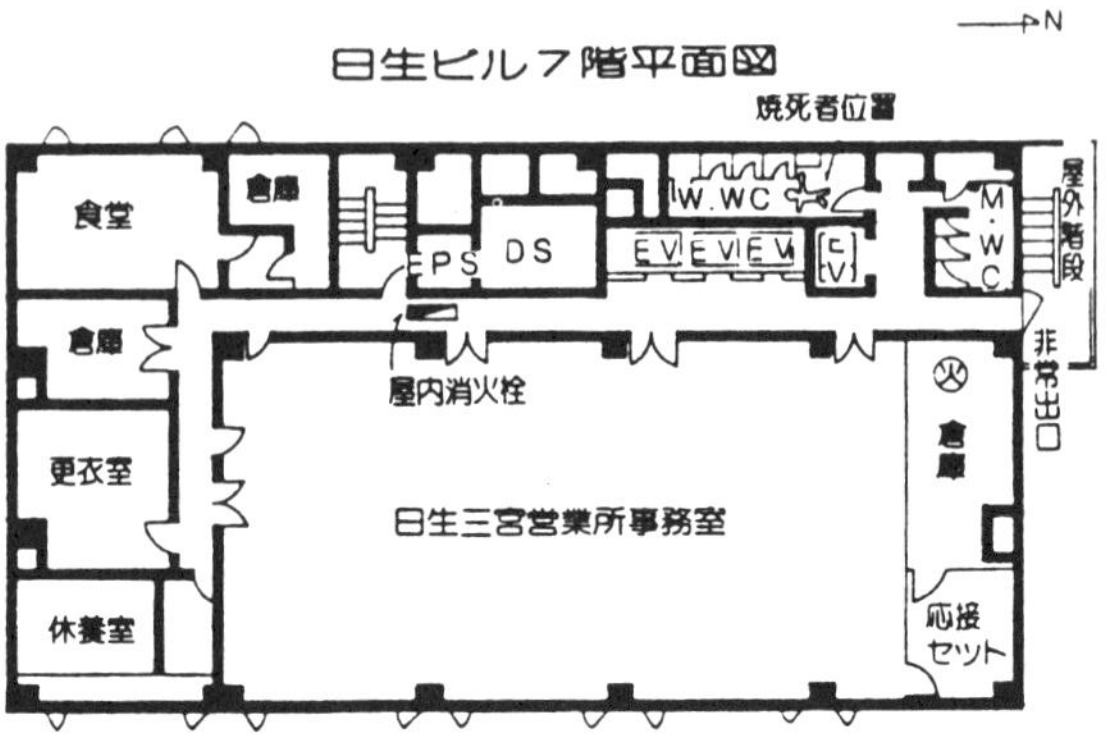

れば！　ところが、いくらドアのノブをガチャガチャやっても一向にドアは開きそうにありません。煙の濃度は増す一方、息ができなくなり、とうとう二人とも倒れてしまったのです。開かないのも道理、ノブの下にプラスチックでカバーされたロックがあったのです。煙で満足に呼吸もできなかった二人には、落着いてロックを探せと言う方がムリだったのかもしれません。

ノブの下にロック　屋外階段側の消防隊も何とか開けようとするのですが、ドアの破壊が間に合いそうもありません。現場の消防隊は焦った揚げ句、外がだめなら中から救助しようとしまししました。直ちに完全装備した二人の救助隊員がビルの屋内階段を一二階まで駆け上り、煙が充満する視界ゼロの直線廊下を、その突き当たりまで這って進んで行ったのです（図参照）。

長い長い廊下、突然、前を探る隊員の手に何か柔らかいものが触れた、するとガバっと両手で抱きついてきたのです。強力ライトで照らすと煤で真っ黒、弱ってはいるが、どうやら大丈夫らしい。救助隊員がノブの下のロックのつまみを数㌢横に滑らせるだけで難なくドアは開いた……ということで無事二人は救出されました。鉄製のドア一枚で天国と地獄とが隔てられていたのですが、それを開けるのには、非常口にはロックが必ずあるという簡単な知識だったのです。

第二章　知っていて開けられなかった〝玄関錠〟

①「助けてー」と面格子から手

鉄格子の悲劇　昭和六三年九月四日の深夜、西宮市南越木岩町の高級住宅地にあるマンション三階から出火、一家三人が死亡するという痛ましい火災が発生しました。女性の悲鳴に気づいた付近の人が火元に駆けつけたところ、廊下に面した部屋の面格子から女性の手が出ていて、盛んに救助を求めるのですが、出入口のドアは、押せども引けどもびくともせず、面格子を外そうにもこれも頑丈で動かず、やむを得ず消防隊を誘導してきた時は既に遅く、全室火に包まれていたという悲しい結果になったのです。

左の図は火元室の概要ですが、いわゆる３ＤＫで避難経路としては、玄関とバルコニーがあり、バルコニーからは避難タラップを介して二方向避難は確保されていたのです。本件火災の場合、出火場所はバルコニーに最も近い和室とされているのですから、避難方向としては、玄関側しかないことになります。

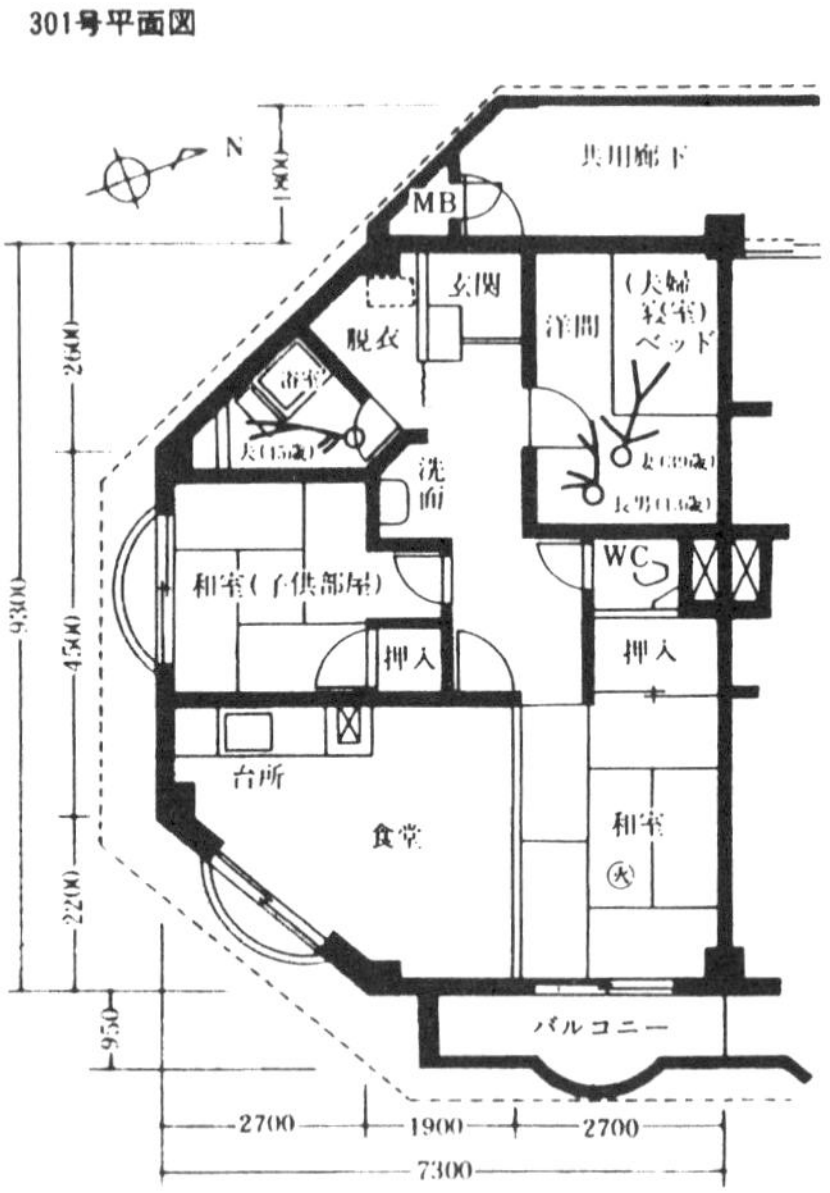

(『近代消防』1989年１月号100頁)

一家の動き　そうすると、なぜ玄関のドアを開けて避難しなかったのか？　火災に気が付いた時には既に遅く、三人とも動きがとれなかつたのか？　ということになるのですが、実は、家族は火災に気付いてから相当動いていると考えられるのです。

火災に真っ先に気付いたのは、多分火元に近い子ども（一三歳）だったのでしょう。両親を起こしに行っています（夫婦寝室で死亡）。そして起こされた父親（四五歳）は火災を何とか消そうとしています。それは台所の水道の蛇口が開放されたままになっていることから、そのように考えられるのです。

しかし、蛇口からの水では間に合わない！　そこで風呂場の水をバケツか何かで汲んで、一挙に炎に掛ければ火は消せるかもしれないと考えたのでしょうか。ところが、この時期ぐらいにフラッシュ・オーバーが発生し、急増した有毒ガスを一息吸い込んだのでしょう、逃げる間もなく父親は風呂場で死亡しています。

そうすると問題は母親（三九歳）の行動です。誰が考えても煙と熱の来る反対方向に逃げようとするはずですから、玄関のドアをまず開けようとするのではないでしょうか。この玄関のドアが開放されていたならば、母親は夫婦寝室から助けを求める必要はないのですから、そうすると玄関のドアは最後まで開かなかったことになりそうです。

当時、このことについてはいろいろな議論があり、一説によると、火災熱によりドアが変形し、それで開かなかったというのですが、しかし、ドアが変形するほどの熱に人間はとうてい耐えられないのですから、これは間違っています。もちろん推量の域を出ませんが、筆者は、玄関のドアを母親は懸命に開けようとしたのではないかと考えています。

もし、そうだとすると、この母親は毎日使っている玄関のドアを、なぜ開けられなかったのか？　という問題が生じます。

②　玄関錠とサム・ターン

玄関錠の構造　この部屋の玄関錠は何も特別なものではなく、鉄製の防火戸にノブが付いていて、ノブを右に回せばドアは開くどこにでもあるごく普通の型だったのです。ただ、ノブの上部に防犯のためのサム・ターンが付いていて、夜間、外から開けられないよう、これを右に半回転させてロックするようになっていました。これとて何も特別のものではありません。多くの家庭の玄関錠はそうなっています。

出火は深夜で家族は揃っていたのですから当然、玄関錠はロックされていたはずです。従って、ドアを開けて逃げようとすれば、まず、ドアのサム・ターンを左に半回転させて、それからノブを右に回すことよってドアは開きます。この母親は突然の火災に恐慌状態になり、ノブは何度も左右に回したものの、サム・ターンを最初に左に回すことを、すっかり忘れ果てていたのではないでしょうか。このように言えば何を馬鹿な！　毎日使っている玄関錠の開閉の方法を、主婦が忘れるようなことがあるものか、という声が筆者には聞こえて来るように思えるのですが、しかし、それは人間があくまで冷静な状態に置かれている場合の話であって、火災現場のような突発・非常事態の場合にまで、それが当てはまるという保障はどこにもありません。

突発・非常事態の行動　次のような話がそれを証明しています。

「……ある人が酔っぱらって、夜中に石油ストーブをひっくり返して火事になった。とかく自分は二歳の子どもを抱え、奥さんの方は乳飲み児を抱きかかえて窓の鍵を開けようとした。奥さんの後の思い出では、どうしたのかあの時鍵が壊れていて容易に開かなかったのだと言う。やっと開けて二人は外に飛び出した。飛び出してから気が付いた。四歳になる女の子が家の中にいる。まわりから火が襲ってくるのに脅え、両親を求めて泣きじゃくっているのが窓越しにちらっと見えた。二人は、気が違ったように飛び込もうとしたが、まわりの人から抱き止められてしまう。二、三秒のうちに轟然と屋根が落ちた……」（会田雄次『日本人の意識構造』講談社現代新書一三頁）。

そして著者は「……助けられなかった理由について、奥さんは窓の鍵が壊れていたというが、実はそうではない。この両親はそういう心構えと非常事態を想定した数回の訓練を自己に課していなかったというだけのこと。突発非常事態下では平生の動作はできない。したがって、逃げ遅れて自分の子どもを殺してしまったのである」（前同）と手厳しく、両親の非常事態における〝訓練不足〟を批判しています。

本件火災で玄関のドアを開けられなかったのも、おそらくこの母親の平素の心構えと、訓練不足で、平常の動作ができなかったからでしょう。しかし、この考え方にはまだ半信半疑の方もおられるのではないでしょうか。それなら、次の事例はどう考えるのでしょう。

事前に確認したのに……　沖塩荘一郎「ホテル・ニュージャパン火災」『建築防災』（二〇〇〇年一一月号日本建築防災協会一〇頁）は、興味深い避難事例の一つとして次のような挿話を紹介しています。

「……一〇一六号室の客は用心深い人で、客室に入るとき、そのそばにある非常口ドアを開け、バルコニーと避難はしごまで確認していた。彼は、火災に気付き客室のドアを開けると、すでに廊下は煙で充満していた。彼はかねて確認していた非常口に行きドアを開けようとした。しかし、煙の中でいくらドアを手探りしても、ドアの握玉（注・ノブ）が見つからなかった。彼は隣室の宿泊客が窓からシーツを垂らして下階に降りていくのを部屋を出る前に窓から見ており、非常口ドアを開けるのを諦めて部屋に戻り、窓伝いに隣室に入り、そこから垂らしてあったシーツを伝って下階に降り助かった」。

研究者でも　さらに続けて、煙の中では火災工学専門研究者でも、非常口を開放するのは困難としています。

「……この話を、当時自治省消防研究所の神忠久氏にしたところ、彼自身の体験を話して下さった。『私は素人ではないので、相当程度の煙まで頑張れますが、一度どのくらい頑張れるのかとやってみました。灯油を燃やして、足元も手も見えなくなったので、限界だと思い出口に行ったわけです……手探りでしたが、どうしてもノブがないんです……そうしたら、それまで冷静だったのが、カアッとなりまして、落着かなくてはと思っても、もう止まらないんです……ノブというのは火災のときは難しい。ましてあの中で鍵を外そうというのは不可能に近いですね』」（前同）。

③　悲劇を避けるために

解ける？　本件火災の謎、毎日使っている玄関錠を母親がどうして開錠できなかったのか、ほぼこれで解けたのではないでしょうか。おそらく両親とも何とか火を消そうとして躍気になっていたに違いありません。フト気が付くと煙が猛烈に濃くなっています。これは大変！　と、多分玄関に走ったに違いありません。しかし、ドアのノブの位置さえもう定かではありません。やっと探し当てたノブを懸命に回し、何とか開けようと必死の努力したにもかかわらず、非常事態の経験のない身では、サム・ターンのロックの開錠までとても思つかなかったのでしょう。あるいはドアまで行けず、やっとの思いで夫婦の寝室に逃込み、面格子から手を突きだして救助を求めたかもしれません。

親の責任　今となっては事の真相を知る術《すべ》はないのですが、しかし、このような悲劇を今後避ける方法は明らかです。本件火災で一家三人が焼死した責任の大半は、筆者は父親にあるのではないかと考えています。なぜ、父親は消火しようとしたのでしょう。彼が火事を知って真っ先にやるべきことは何だったのでしょう？

それは火災を知った時、最初に玄関ドアを自分自身で開け、母親と子どもを避難させ、それを確認してから余裕があれば、非常持ち出しあるいは消火という順序だったのです。米国のフィラデルフィア消防局の一般家庭向けパンフ（表紙及び裏表紙の裏面参照）は、分かりやすく、「煙感知器が作動したら、三分以内に避難せよ」、「平素から家庭内の避難計画の作成を！」、「消火はするな！」、「通報は家族全員が避難してから、近くの電話で！」と呼びかけています。

日本では特に「消火はするな！」などのキャンペーンは物議を醸しそうですが、しかし、家族の安全を最優先とする考え方を否定する理由はどこにもありません。また、一般的な米国の家庭では「三分以内の避難」が火災工学的に正しいとされる以上、火災を知ってから「消火し得る」可能性は殆ど無く、かえって焼死する確率の方がはるかに高いと考えたのでしょう。

日本では防火講習会等で「消火」、「通報」、「避難」は、どの順序で行うのがよいかといった質問がよく出るのですが、これに対して、消防職員が「ケース・バイ・ケース」と答えるのをしばしば聞きます。しかし、これでは「答え」になっていないのです。少なくとも三択の問題ではありません。それより米国流の割り切った安全観の方が、はるかに合理的、現実的と言えそうです。

世間体を憚る？　従って、本件火災の際にも、真っ先に避難を考えれば、父親は玄関錠を開けるべきで、まだこの時には多少の余裕があったはずですから、夫婦とも落ち着いて開錠でき、家族三人揃って安全に避難できたのです。しかし、父親はそうはせずに「消火」にこだわったのですが、彼にそうさせたものは何か？　もちろん推測に過ぎませんが、それは「世間体」、つまり、できるものなら近所・両隣に知られることなく火事を消したいということではなかったのでしょうか。あるいは火事を出して申し訳がないと考えたのかもしれません。しかし、そのために家族三人の生命と引換えられるものではないのですから、やはり、「避難」を最優先で考えるべきであったのです。

※火災教訓２

平素の心構えと早期避難！

平素の心構え　精神病棟火災では、当直看護人が仕切戸に懸かっている南京錠が開いていることを知らずに開けようとして時間を空費し、それが入院患者の焼死につながったものでした。ホテル火災では、宿泊客が廊下の非常口のナイト・ラッチの開け方が分からず、これが焼死に繋がったものでした。ビル火災では、同様に逃げ遅れた女性従業員が非常口の非常錠の開錠方法を知らず、危ういところを消防救助隊によって間一髪、救出されたというものでした。

これらの事例に共通しているのは、いずれも事前に当該「施錠」の状況を正確に知らなかったということに尽きるのですから、事前にそれを知るべく相応の努力が必要であることを示しています。つまり、火災に対する平素の心構えが、イザというときに力を発揮するのです。

早期避難　しかしながら、宿泊客が事前に確認したはずの非常口さえ開けられず、さらには火災工学の研究者ですら、その実験室で煙の中でドアのノブを探しあぐねて危険な目に遭いかけているのですから、仮に事前に施錠の状況をよく知っていたとしても、煙の充満状況等によっては、あるいは開錠できないこともあり得るのです。その典型例がマンション火災でした。一家の主婦が玄関錠の開け方を知らないわけがないのですが、人間が極限状態に置かれた場合、いかに脆いものであるかを示しています。

非常開放面格子　そうすると右のようなマンション火災の悲劇の対策ということになるのですが、面格子があったために避難できなかったのですから、火災の際に面格子が容易に開放されるようなものであれば、避難可能となるではないかという発想は当然考えられるところです。

しかしながら、よくよく考えてみると、毎日使っている玄関錠でさえ、場合によっては開錠し得ないのですから、パニック状態でこの面格子開放機構の操作が可能かどうか保障の限りではありません。それに面格子が付けられている部屋は限定されるのですから、確かに一つの避難経路ではあっても、マンション全体の避難経路になり得るか否かの問題がありそうです。

早期覚知　従って、玄関からの避難、あるいはベランダからの避難を含め、いずれにしても早期に火災を覚知し、人が恐慌状態に襲われる前に、落ち着いて避難することが、避難を確実に成功させることに繋がるのです。そのためにはまず、マンションの各部屋に火災感知器を設置することが先決問題だと思われるのです。本件火災のマンションには自動火災報知設備は設置されていませんでした。もちろん、それは違法ではないのですが、しかし、違法でないからといって安全が保障されるわけではありません。

米国では一般家庭の九三％に煙感知器が設置されていると言われています。ほぼ一戸に一個なのです。日本でも住宅火災による死者の半減が目標にされていますが、それがなかなか実現しないのは、住宅用火災警報器の設置率が一向に高くならないからです。火災を早期に覚知し、早期に避難することの重要性は、一般住宅であれ事業所であれ、変わることはありません。

第三部　前例を学ばず、多くの人命を失ったベル停止の悲劇

前章では、火災の早期覚知、早期避難のために、個人の住宅においても煙感知器の設置の必要があるとしたのですが、火災の早期覚知は旅館・ホテル、デパート病院等においても少しも変わるものではありません。現に六四頁の表に示すように、我が国の大規模火災事件の殆どが、自動火災報知設備を何らかの理由で設置していなかったか、あるいは、せっかく設置していても、何らかの理由で警報ベルを停止していたか、またはその取扱不良等によって、火災の早期覚知が遅れ、在館者が避難の時期を失して、その結果、多数の死傷者の発生を見たという事例ばかりなのです。

特にその中でも、警報ベルを停止していたことにより、火災覚知が遅れ避難誘導に支障が生じたため、多数の死傷者が発生した事例は、早くも昭和四〇年代前から顕著に見られるのですが、平成の時代に入

ってもなお同様の事例が発生し、しかも、現在においても、自動火災報知設備に係るこの種の危険は皆無とは言い切れない状況にあるのです。

『失敗学のすすめ』（前出、畑村一〇頁）は、「人は失敗から学び、さらに考えを深めてゆきます」というのですが、しかし、自動火災報知設備に関するこれらの悲惨な事件に関する限り、消防・防火関係者は、いったい何を学び、どんな考えを深めていったのでしょう。以下これら事例からの検証です。

第一章　局所最適、全体最悪

（一）　ホテル大東館火災とベル停止

①　火災概要

助け呼ぶ声一つなし　昭和六一年二月一一日の深夜、静岡県東伊豆町熱川温泉「ホテル大東館」の旧館「山水」から出火、木造三階建の旧館八六〇平方㍍を全焼するとともに、宿泊者二名を除く二四人が焼死するという悲惨な事故が発生しました。本館とは道路一つ隔てて建てられていた「山水」は、昭和一四年建築の老朽木造の三階建旅館で、当夜、二階に一一人、三階に一四人、一階に一人（従業員）が就寝していたのです。

しかし、この棟には旅館の宿直員はおらず、しかも、自動火災報知設備の受信機のある本館では、受信機の主ベル及び地区ベルを停止していたというのですから、一階から出火すれば（出火場所はパントリーの壁内部）、二、三階の宿泊者の避難が極めて困難であるのは言うまでもありません。

それにしても宿泊客二五人のうち、三階の一番端の部屋で早期に煙に気付いて屋根から逃げた新婚夫婦以外は、一人も助からなかったというのは異常です。近所の人は誰一人として救助を求める声を聞かず、ただ不気味に燃え盛っていたというのですから、火災発生のかなり早い時期に、煙によって既に死亡していたのかもしれないのです。

火災発見状況　当時、本館フロントで勤務していたのは、夜間フロント係のＣと（四六歳）と夜警員のＤ（六〇歳）の二人。深夜二回目の巡回を終えたＤとテレビを見ながら雑談中、たまたま玄関先に置いた自分の車が気になったＣが、その方向を見たところ、「山水」の方で炎らしいものが見え、確認のため外に出てみると、「山水」一階中央奥のパントリー付近に火を発見したのです（磨りガラス越し）。

直ちにDに、消防署に通報するように依頼し、このくらいの火災であれば消火器で消せると考え、フロントの消火器二本を持って「山水」への地下連絡通路を通ろうとしたのですが、その中ほどまで煙が充満していたのでこれは消せないと判断して引き返し、フロントで経営者のAに火災を知らせたのです。その後、警報ベルを鳴らそうと操作したもののベルは鳴らず、次いで非常放送しようと操作したのですが、動揺のあまり、マイクのスイッチを入れなかったので、館内放送もできなかったのです。その後は本館の三、四階の避難誘導を行っているのですが、結局、間に合っていたかどうかはともかくとして、これでは「山水」の宿泊客に対して、火災を知らせるどころか何一つ避難誘導らしいことはやっていないのですから、多数の死者が発生するのは、いわば不可避ということになります。

②　警報ベルを切った理由

大東館の誤報の現状　それでは大東館では、どうして自動火災報知設備の警報ベルを停止していたのでしょう。本件火災事件の一審判決（静岡地裁沼津支部判平五・三・一一『判時』一五一〇号一六〇頁）は、概略次のように述べています。

……大東館では、多いときで月二、三回、少ない時で月に一回あるかないかという頻度で非火災報が発生しており、その原因は、湿気や雨漏りによる感知器の水漏れ、パントリー内で干物を焼いた煙、宿泊者のいたずらなどであった。

大東館においては、昭和五九年ころ以降、遅くとも昭和六〇年ころまでには、電鈴一斉移報スイッチを定位の下にして、地区ベルが自動全館鳴動しない状態にされるようになった。このような取扱いに変わった理由は、誤報による地区ベルの鳴動で宿泊客から苦情が出ると営業上支障があるからということであった。

主ベル停止　主ベルは、従業員が感知器の作動を覚知するための重要な手段であり、地区ベルが鳴らず、主ベルが鳴らない限り、従業員も宿泊客も火災発生を知ることができなかったのであるから、主ベルは常に鳴動可能状態にしておく必要があり、決してこれは「断」にしてはいけないはずである。

しかし、大東館においては、主電鈴停止にするいくつかの理由があった。

館内で改装工事を行う場合や、害虫駆除の消毒を行う場合には、たいていの場合感知器が作動して火災受信機が発報するので、主ベルが鳴らないよう切っておくことがあった。

次に、主ベル自体の音量も相当大きく、受信機が設置されているフロント奥の予約室内だけでなく、本館フロントやロビーの周辺まで鳴り響くことから、工事等の場合に限らず一般的な誤報防止の目的で、主ベルが切られていることもあり、夜警員のDは、フロント係のCから、たびたび誤報があって客に迷惑がかかるから、主ベルは切っておけと言われたことがあった。

当日の状況　本件火災前日の昭和六一年二月一〇日午後七時ころ、ロイヤル五階廊下に設置された煙感知器の故障により、地区表示灯が点灯していたが、主ベルは鳴っていなかった。したがって、この時以前から、主ベルは停止されていたものと認められる……。

要するに、火災でもないのに工事や消毒、パントリー内で焼いた干物の煙等で、始終誤報がでるため、客の迷惑も考えて地区ベルは愚か主ベルまで停止していたというのです。確かに、誤報だけ考えれば旅館・ホテル側にすればいい迷惑で、当面の手当としてベル停止をするというのは手っ取り早い対策であり、その意味では―局所最適―なのでしょうが、このベル停止が自動火災報知設備、あるいはホテル全体で、どのような意味を持つのかを考えれば―全体最悪―であるのは言うまでもありません。すなわち、本件判決は「決して断にしてはならない」としているのです。

③　ベル停止と防火管理責任

経営者と防火管理者の責任　しかし、大東館の経営者も防火管理者も、平素からこのことを知っておりながら、何の手も打っていないのです。本件判決は、ほぼ次のように述べてその責任を問うたのです。

……被告人Ａ（経営者）は、地区ベルの不鳴動については何ら問題にしていなかったのであり、主ベルが鳴ってそれが火災報か確認してから、電鈴一斉移報スイッチを上げて全館に知らせるという対応で良いと考え、そのような状況を認めていた。

さらに被告人Ａは、大東館において主ベルが切られることがあることを知っており、火災前日においても、予約室の受信機の赤いランプに気付いて発報場所を確認し、主ベルも地区ベルも一切鳴動していないことに気付いたものである……。

被告人Ｂ（防火管理者）も、同様に地区ベルが切られているの知っていたのですが、客の迷惑になるという営業サイドの決定に、防火管理者として特に反対せず、主ベルについても、工事等により切られていることを知っていたのですが、特に従業員等に適切な指示をしなかったのです。

しかし、火災により多数の死者が発生し、しかも、地区ベルや主ベルを切っていなければ、宿泊客がそれによって火災を早期に覚知し、約二分半の避難余裕時間があった（本件判決）とされるのですから、経営者や防火管理者のこのような行為が許されるはずがありません。このため両名は、それぞれ従業員に対して、適切な指導、教育、指示等を怠ったとして、経営者は禁固二年、防火管理者は禁固一年（執行猶予三年）の罪に処せられました。特に、経営者が禁固二年の実刑を問われたのには注目すべきで、それほど、旅館・ホテルの安全に関しては、自動火災報知設備の平素の適切な維持・管理（本件では音響各スイッチを切らないこと）が、いかに重要であることを示唆したものであることは間違いありません。

音響スイッチは心臓部

この大東館火災と殆ど同じような火災が、昭和五八年二月二一日未明、山形県蔵王温泉「蔵王観光ホテル」本館（木造四階建約一六〇〇平方㍍）で発生し、死者一一人を出したのですが、この火災においても、経営者であり防火管理者でもあった被告人が、受信機の各音響スイッチが「断」であったことを見逃した責任を、次のように問われています。

「……多数の死傷者が発生した原因としては、同ホテルの自動火災報知設備の心臓部ともいうべき受信機の音響スイッチが断のまま放置されていたため、火災発生の覚知が遅れ……本件結果の発生については、自動火災報知設備の管理に手落ちがあったことが大きな要因をなしており……その刑責は厳しく問われて然るべきものがある」として、禁固二年（執行猶予三年）に処せられています。

つまり、この人間の心臓に比すべき重要な働きをする、自動火災報知設備の音響スイッチを、誤報が出るからというホテル側の自分勝手な理由で、いとも簡単に断にするのは宿泊者の安全確保上許されない、という裁判所の判断なのです。

刑事処罰で「断」はなくなるか？

確かに、裁判所の言うとおり、宿泊客の安全に直接影響のある自動火災報知設備の音響スイッチを、営業の邪魔になるからという理由で「断」にするのは許されないのですが、しかし、だからといって、その違反者の刑事処罰を重くすれば、この問題は解決するのでしょうか。次のような声をどう聞くのでしょう？

「……読者自身がホテルを所有しているオーナーとして、経営しているつもりになってください。何でもないのに深夜一時に非常ベルが鳴りだし、泰山鳴動してネズミ一匹で、客に平身低頭陳謝して鎮めたとします。ところが、また二時間後の三時に再び非常ベルが全館に鳴ったとしたら、読者諸兄は再び警報装置のスイッチを入れる勇気があるのでしょうか」（石倉豊「ホテル業界からの提言」『月刊消防』八三年二月号一頁）。

ホテル・ニュージャパン火災（昭五七・二・八、死者三三人）直後の、ホテル業界からの意見なのですが、悪いとは知りつつも、背に腹は代えられず、とにかく一時凌ぎに警報ベルを切っている、という状況をよく説明しています。しかし、このようなことは現在では、最早あり得ないと言えるのならともかく、非火災報がある以上、これにどう答えるべきなのでしょう。

（二）　ベル停止による累々たる死者

①　失敗の法則性を理解せず

何度繰り返せば？　『失敗学のすすめ』（畑村前出一七頁）は、「大切なのは、失敗の法則性を理解し、失敗の要因を知り、失敗が本当に致命的なものになる前に、未然に防止することを覚えることです。これをマスターすることが、小さな失敗経験を新たな成長へ導く力にすることになります」と教えるのですが、少なくとも次表を見る限り、この失敗の法則性は全く生かされてはおらず、同じような失敗を何回も何回も繰り返していることが明らかです。それも大きな失敗の繰り返しばかりなのです。表の中で、特に警報ベルを停止していた主な事例を二、三挙げてみます。

磐光ホテル火災事件　昭和四四年二月五日、福島県郡山市の「磐光ホテル」（耐火造四階建延べ床面積約一万九〇〇〇平方㍍）の一階大宴会場舞台裏から出火、会計室にあった自動火災報知設備の受信機の地区ベル及び主ベルが停止されていたこともあって、火災の覚知ないし避難誘導が遅れ、宿泊客などから三一人の死者を出しました。このため当ホテルの防火管理者であった総務課長が、自動火災報知設備受信機の管理義務違反等を問われ、禁固二年（執行猶予二年）に処せられています。

「……ストーブの火が炬火のベンジンに燃え移った後、二〇ないし三〇秒後には主ベル及び地区ベルが作動してホテル全体に火災発生を報知するベルが鳴ったはずであるから……フロント係においていち早く火災の発生した場所を覚知し、直ちに全館に火災発生を知らせ、従業員そして客を安全に避難完了させる措置がとられたはずであった」（福島地裁郡山支部判昭五〇・三・二九『判時』七七九号四一頁）として、受信機のベル停止の責任を重視しています。

自動火災報知設備の警報ベルを停止していた主な火災事例

発生年月日	発生場所	構造　階数	死傷者 死者	死傷者 傷者	自動火災報知設備
昭和 41. 1. 9	金井ビル（川崎市）	耐火造 6/1	12	14	電源断
昭和 44. 2. 5	磐光ホテル（郡山市）	耐火造一部木造 4/2	30	41	ベル停止
昭和 45. 1. 28	親和マッチ工場（兵庫県）	耐火造 4/0	8	15	電源断
昭和 45. 12. 26	中央ビル（水戸市）	耐火造 8/2	2	18	ベル停止
昭和 46. 1. 1	国際会館（姫路市）	耐火造 4/0	2	—	〃
昭和 47. 2. 25	椿グランドホテル（和歌山県）	耐火造 7/0	3	6	〃
昭和 48. 6. 18	釧路オリエンタルホテル（釧路市）	耐火造 6/1	2	18	〃
昭和 50. 3. 1	朝日会館（東京都）	耐火造 7/2	5	17	〃
昭和 50. 3. 10	千成ホテル（大阪市）	簡耐造 7/0	4	64	〃
昭和 51. 1. 10	貴悦ビル（東京都）	耐火造 6/2	1	12	〃（無人）
昭和 51. 8. 31	ホテル青い城（東京都）	耐火造 4/0	2	7	ベル停止
昭和 51. 12. 4	国松ビル（〃）	耐火造 4/1	6	2	〃
昭和 53. 6. 15	ホテル白馬（愛知県）	耐火造一部木造 4/0	7	24	〃
昭和 57. 2. 8	ホテル「ニュージャパン」（東京都）	耐火造 10/2	33	34	〃
昭和 57. 11. 18	庄川温泉観光ホテル（富山県）	耐火造 5/1	2	9	〃
昭和 58. 2. 21	蔵王観光ホテル（山形県）	木造 4/0	11	2	〃
昭和 59. 2. 19	青山病院（尾道市）	木造平家建	6	1	〃
昭和 61. 2. 11	ホテル大東館（静岡県）	木造 3/0	24	0	〃
昭和 61. 4. 21	菊水館（静岡県）	木造 2/0	3	56	出火後、停止
昭和 63. 12. 30	ホテル望海荘（別府市）	耐火造 7/1	3	1	主・地区ベル停止
平成元. 2. 6	旅館しろがね屋（奈良市）	耐火造 3/0	1	0	ベル停止
平成 2. 3. 18	スーパー長崎屋尼崎店（尼崎市）	耐火造 5/1	15	6	出火後、停止
平成 6. 12. 21	若喜旅館（福島市）	耐火造一部木造 9/0	5	3	〃

椿グランドホテル火災事件　昭和四七年二月二五日午前六時三〇分頃、和歌山県白浜温泉椿グランドホテル（耐火造七階建延べ床面積約一万一〇〇〇平方メートル）の本館三階配膳室付近より出火、火災を発見した従業員らは、火勢から十分に消火は可能と判断して、消火器で消火に努めたものの、しだいに火勢は拡大して館内に延焼し始めたのです。

しかし、平素の誤報対策として自動火災報知設備の電源を、別のスイッチを設けて「断」にしていたため全館通報ができず、本館の二、三階はともかく、四、五階の客室にいた多数の者は火災発生に気付くのが遅れ、結局、三人が焼死、四人が転落などにより重傷を負ったという事例です。

このため、本件ホテル経営者は、次のように、自動火災報知設備の点検整備義務違反があったとして責任を問われ、禁固一〇月（執行猶予二年）及び罰金に処せられています。

「……消防、避難ないし警報に関する設備や器具を設置してこれらを常時点検整備し、これらが不備、不適当な場合には早急にその補修、改善などに努め、また、宿泊客に対し、予め誘導灯や案内図などにより避難口、避難要領などを告知し、併せて防火管理者などをして、これらの措置を行わしめて、これを指揮、監督し、もって火災事故の発生を未然に防止し、宿泊客らの被害を最小限に止めるべく万全の措置を講ずべき義務を負っていた」（和歌山地判昭五一・三・三〇『判時』八二三号一一二頁）。

ホテル・ニュージャパン火災事件　昭和五七年二月八日午前三時すぎ、東京都千代田区永田町という国会議事堂の近くにあるホテル・ニュージャパン（耐火造地下二階地上一〇階建延べ床面積約四万五〇〇〇平方メートル）の九階九三八号室で宿泊していた外人の寝たばこにより出火、たまたま、その前をフロント係が仮眠をとるために通りかかって、白煙が淀んでいるような状態で火災を発見しました。

従って、自動火災報知設備が火災を感知するよりは早かったとされているのですが、しかし、実際には九三八号室を含む火災警戒区域の検出器の銅管端子外れにより、空気管式感知器は働いてはいないのです。さらに、受信機に至っては複雑な改造を勝手に行っていたのです。

つまり、「昭和四六年九月に設置された自動火災報知設備は、館内地区ベルの自動鳴動の機構のままでは、パニックを起こすおそれがあるとして、その後、各階別の警報電鍵を付けるように改造されたが、受信機の表側には取り付ける余地がなかったため、扉内側に右階別警報電鍵を取り付け（た）」（東京地判昭六二・五・二〇『判時』一二四四号三六頁）のです。

このため、火災の際に各階の地区ベルを鳴動させるには、受信機の「前面の扉を開けたうえ、同機内左側中央部に設置された階別警報電鍵の該当階のものを鳴動位置に操作し、保持する（右電鍵が自動復帰装置付きのため）必要がある」（前同）という非常に複雑な操作をしなければならなかったのです。

しかし、前記の火災を発見したフロント係は、応援を呼びに一階のフロントまでわざわざ戻り、消火を同僚に依頼したまま九三八号室の氏名を確認するなどして他の係員に適切な指示をしないまま、再び九階の火災室に駆けつけ、同僚と消火栓による消火を試みようとしたのですがこれも失敗。また、フロントに戻って九階各室に電話で連絡しようとしたものの、手が震えてうまくダイヤルを回せず、その後、防災放送盤で放送しようとしたものの、これも操作経験がなく、使用説明書を探すなどしてようやく操作したものの、既に九階では配線が焼燬していて功を奏しなかったされるのですが、しかし、まったく自動火災報知設備の警報ベルを鳴動させようとしなかったのは、不思議としか言いようがありません。

フロント係でもこの程度の行動なのですから、他の係員ともなればおして知るべしで、三〇人近くいた宿直者のうち誰一人として受信機を操作しようとした者はいなかったのです。これでは何のため、わざわざ受信機の改造など行ったのでしょう。しかし、初期消火に失敗後は従業員による格別の消火作業は行われなかったのですから、火災は拡大の一途を辿るばかりで、結局、焼死、転落等により三三人が死亡するという悲惨な結果となりました。

そもそも本件ホテルにはスプリンクラー設備の設置が必要とされていたにもかかわらず、経営者は言を左右にして履行せず、さらに防火管理者も消防計画の作成、消防訓練の実施、消防用設備等の適切な維持管理等を怠っていたのですから、裁判所はこのため、これらの結果が相乗的に作用して、火災の拡大を防止できなかったうえ、避難誘導等についても適切な措置を欠いたことにより、多数の宿泊客の死傷を招いたとして、高齢者であったにもかかわらず、経営者は禁固三年の実刑、防火管理者は禁固一年六月（執行猶予五年）という非常に重い処罰を科したのです。

②　現在でも〃相当数〃がベル停止？

累々たる死者　右の各事例は、受信機の警報ベルを停止していたため、大きな被害を招いた代表的とも言える事例なのですが、他の事例の具体的内容もそう変わるものではありません。表によれば、何らかの理由でベル停止していたため火災発生の際に避難が遅れ、死者が発生した事例は、昭和四一年から平成六年までの二八年間で全部で二三件、一八八人の死者が記録されています。そして次に述べるような事例も、殆ど〃ベル停止〃と内容は同じなのですから、少なくとも、昭和四〇年代のはじめから現在に至るまで、自動火災報知設備における〃ベル停止〃の問題は、何も解決されていないと言っても、少しも過言ではありません。

『失敗学のすすめ』（畑村前出二四頁）は、「……失敗の特性を理解し、不必要な失敗を繰り返さないとともに、失敗からその人を成長させる新たな知識を学ぼうというのが『失敗学』の趣旨なのです」と説くのですが、二三年間で二〇余例（主なものだけで）、まったく〃ベル停止〃というワン・パターンの失敗を、消防・防火関係者は適切な手段を講じることもなく繰り返してきたのです。

飯坂温泉火災事件　平成六年一二月二一日午後一〇時四〇分ころ、福島市飯坂町飯坂温泉の若喜旅館本店（耐火造九階建新館、木造四階建本館、鉄骨造四階建新新館、延べ床面積約五九七〇平方メートル）の新館四階の客室から出火、併設する本館に燃え移り、これらを全焼するとともに、宿泊客五人が焼死するという悲惨な事故となりました。

この火災の防火管理上の問題点はいろいろとあるのですが、〃ベル停止〃の問題だけに限ってみると、通常の〃ベル停止〃事例とはやや異なっています。厳密に言えば本件火災発生時には、自動火災報知設備の受信機は〃ベル停止〃されておらず、電鍵は正常な状態であったのです。しかし、本件旅館の当日の夜警員は、「同僚から火災報知機が鳴ったらスイッチを切るようにと教えられていた」（福島地判平九・一〇・八）のですから、当日も「火災報知機の吹鳴が始まったのに誤作動だと思って、そのスイッチを切（った）」のも当然と言えるのですが、しかし、これでは真火災の場合、避難が遅れるのは言うまでもありません。

本件判決もこの点につき「……実験結果に照らすと、夜警員が火災報知器のスイッチを切らずに鳴り放しとしておき、いち早く出火を認知し、他の住み込み従業員等に急報するとともに、館内放送を通じて宿泊者に火災の発生を知らせる等の夜警員としての当然の任務を遂行していたならば……五名の死者を出さずに済んだ可能性が十分考えられる」（前出）としています。

このため、本件旅館の経営者は、企業経営者として従業員等に対し、火災発生の際の適切な消火、通報及び避難誘導等についての万全の指導訓練を行わなかった過失があるとして、禁固一年（執行猶予三年）の刑を科せられています。受信機のベル鳴動とともに、即地区ベル停止をすれば、前各事例の〝ベル停止〟と何ら異なるところはありません。少なくとも誤報による宿泊客の迷惑をおそれて、ベル停止をしたのですから、この事例を見る限り、平成の時代になっても、なお、非火災報（誤報）の問題は解決されていないということになるのです（スーパー長崎屋尼崎店火災事件も、この事例と類似しています。火災により全店内に警報ベルは鳴ったのですが、誤報ではないかと考え、直ちにベル停止されています）。

相当数が「断」　さてそれでは、右のような事例を含めて、自動火災報知設備を設置している防火対象物で、現在、どの程度自動火災報知設備が〝ベル停止〟になっているか知りたいところですが、あまりそのような調査はやっていないようです。例えば、『自動火災報知設備の非火災報に関する調査研究報告書』（自動火災報知設備（警報設備）のあり方検討委員会―平成一〇年度）にでも出ておりそうですが、これには全く触れてはいないのです。そこで、『火災の実態』（東京消防庁―平成一三年版一九八頁）を見ると、直接ではありませんが次のような数字が挙げられていました。概要を紹介することにします。

……自動火災報知設備が設置されている防火対象物から出火した一〇九一件のうち、作動した火災は四七二件（四三・三％）、火災の規模が小さいうちに消し止めたため作動するに至らなかった火災五五九件（五一・二％）、作動しなかった火災は四七件（四・三％）であった。

その作動しなかった火災四七件のうち、作動しなかった理由が「不明」、「その他」の三〇件を除く一七件の内訳は、電源遮断六件、ベル停止五件、火炎がダクト内に吸引された二件、工事で配線切断、受信機の位置に人がいなかった、ベルの音量不足、火点までの距離が遠いの各一件となっている……。

「作動しなかった火災」のうち、電源遮断とベル停止を合わせた一一件が、自動火災報知設備が設置されている防火対象物から出火した一〇九一件に含まれているのですから、その割合は僅か一％に過ぎないことになります。しかし、「作動するに至らなかった火災」五五九件の中にも、当然ながらベル停止や電源遮断が含まれているのですから、右の一〇九一件の中には、少なくとも一％以上の「相当数」が含まれていることになります。かつて筆者は在職時に、管内のベル停止対象物調査で約四％という結果を得たことがありますが（『続・気くばり防火管理のすすめ』全国加除法令出版七七頁）、現在でもあるいは、この程度のベル停止があるかもしれません。

したがって、現在、全国で自動火災報知設備を設置している防火対象物のうち「相当数」が、なお、ベル停止や電源遮断が行われていることは間違いのないところでしょう。そうすると、昭和四〇年代はじめから平成一〇年代に至るまで、その間、三〇数年を経てもなお、同一の問題の解決を見ていないことになるのですが、しかし、いつまでも、このような状態が許されるはずがありません。

『失敗学のすすめ』（前出畑村二二三頁）は次のように言っています。「……労働災害の専門家によれば、企業のトップが安全管理に意識して取り組んでいるか否かで、罹災率は三倍違ってくるそうです……リーダーの心構えひとつで結果が大きく変えられることを意味しています。……トップが……失敗の未然防止を強く意識しているだけで、三分の二の失敗は消え、それればかりか、起きてしまった失敗が進歩の種として使われることも期待できる……」。

火災の際のベル停止や電源断により、多数の死者発生を見た失敗例と真剣に取り組み、その罹災率を何とか下げようとする責務は、もちろん消防行政のトップである国の消防庁にあるのですが、しかし、右に述べたベル停止等の実態を見る限り、効果的な手が打たれてきたとは、必ずしも言えそうにないのです。

第二章　なぜ、〝ベル停止〟なのか？

（一）日本の自動火災報知設備の問題点

①　非火災報対策

対策の経過　「自動火災報知設備の非火災報に関する調査研究報告書」（前出あり方研究会総論）によれば、消防庁としての非火災報対策としての取り組み方について、概略次のように述べられています。

……初期の感知器は、様々な原因で火災信号を発信した場合があり、原因不明のものも多かった。そのため、自動火災報知設備の信頼性を低下させ、電源遮断やベル停止などの原因となった。その後、非火災報の原因が分析されるようになり、施工不良、電気ノイズ、雨漏れなどによる発報、一般生活時に発生する現象、火災と類似の現象による発報等を含め、非火災報として取り扱われるようになった。

それ以来、今日まで様々な非火災報対策を行ってきた。その後、電子部品の高性能化や安定化、さらに、製造者の蓄積された経験の積み重ねにより感知器も改良され、非火災報は減少してきた。

昭和五七年度に消防庁では、防火管理体制研究委員会において、「自動火災報知設備の非火災報対策に関する報告書」を取りまとめた。その報告書において、感知器の適用場所の見直し、感知器の機能・構造の改良、新しい感知器の導入、蓄積式や二信号式など新システムの導入などを提案され、これに基づき消防関係法令の改正、通知等が出されるなど、非火災報対策が具体化され、現在に至っている……。

対策の効果　さて、問題はその対策の効果です。右報告書は、昭和五八年以降行ってきた非火災報対策がどの程度効果を上げているかを把握するため、昭和六二年〜六三年にかけて行われた調査（以下「六三年調査」）と、平成九年に行った同様調査（以下「九年調査」）とを比較し、その判断をしています。

例えば、非火災報の発生割合（非火災報発生数／調査対象物数）では、六三年調査の対策前は五七・二％、同対策後では三九・八％、九年調査では、三四・二％であるので、「……このことから非火災報対策を講じることにより、非火災報の防止に効果が認められ、一〇年経過した間で、さらに非火災報の防止ができていると評価できる」（同一四頁）というのです。

確かに、非火災報対策を全く講じなかったのに比べ、対策後一〇年の成果は、約四〇％減少はしているのです。しかし、減少はしても、なお、三四・二％の非火災報は厳に存在しているのです。これが皆無にならない限り、大規模対象物であればあるほど、おそらく防火管理関係者は、なお、ベル停止を行うのではないでしょうか。その証拠には、『火災の実態』（前出東京消防庁）の「相当数」のベル停止及び電源断の現実を挙げることができます。

非火災報はゼロになるか？　そうすると、今後なお一層、非火災報ゼロを目指して、非火災報対策を推進していかねばならないことになるのですが、果たして非火災報をゼロにすることは可能なのでしょうか。右報告書の「まとめ」は次のように述べています。

「自動火災報知設備に係る非火災報対策については、長年にわたる関係者の努力、協力等により、その効果を挙げていることが確認され、自動火災報知設備の信頼性の向上が図られている。

しかしながら、非火災報の多くは、人為的な要因によるものであり、今後とも自動火災設備の性能・機能等を十分理解してもらうとともに、その役割の重要性を認識してもらうことにより、非火災報対策のさらなる充実を図ることが必要である」と。

将来、非火災報がゼロになるかどうかについては、まことにはっきりしない「まとめ」なのですが、次の意見は明瞭にゼロにならないとしています。

「……非火災報を一〇〇％防止することは不可能であり、また、感知器の取り替え、位置変更等のソフト面での対応や新技術によるハード面でも限界がある。……例えば、受信機に蓄積機能を持たせることは、共通した非火災報対策であるが、……万全とは言えないことは本調査結果に示されるところである」（東京消防庁予防課「非火災報防止対策の効果の確認調査結果について」『検定時報』一九八八年二二頁）。

資料としてはやや古いのですが、しかしその主張の趣旨は、今日でも立派に通用します。非火災報を一〇〇％防止するどころか、一〇年、二〇年かけて非火災報防止対策を実施した結果、現に三四・二％も存在するのですから、むしろ、このあたりが限界だと考えるべきではないでしょうか。

そもそも非火災報防止対策は、非火災報が頻発すれば、ベル停止等を行うようにより、それが火災時の火災覚知の遅れとなって死傷者発生に繋がるから、その原因の根元である非火災報を絶無にすれば、ベル停止等をしないであろうと考えたのです。しかし、防火関係者がベル停止等をしないようにするためには、非火災報をゼロにすることだけではなく、別の選択肢があってもよさそうです。それでは、その選択肢とは何か？　ということになるのですが、それには自動火災報知設備の受信機そのものの機能を考えてみる必要があります。

②　人間系と自動系

信頼性　自動火災報知設備という警報システムは、人間が関与しなければシステムとしては効果を発揮しないという宿命を負っています。つまり、感知器が火災を覚知して信号を受信機に送り、受信機が火災灯で出火場所を表示するともに、警報ベルを鳴動させるというシステムなのですが、その後の人間の行動如何によって、警報システムとしての効果は左右されることになります。

まず、ベル鳴動の前に既にベル停止（電源断を含め）をしている場合もあれば、せっかくベルが鳴っても誤報かと思いベル停止をする場合があるのは、各事例にあるとおりです。次いで火元確認後は、消火をし、通報をし、非常放送をし、必要な連絡をし、避難誘導をし……等々の行動を、火災という緊急・異常状態の間に、夜間の場合には一人ないし二人で、間違いなく行わなければならないのですから、もし、どちらか、または二人ともパニック状態になれば、受信機は正常に作動したとしても、とても安全な避難誘導など期待し得ないことになるのは、例えば〝開かない錠の恐怖〟（第二部）の、信じられないような人間行動を見れば明らかです。

つまり、自動火災報知設備という安全システムは、誰々が「……するだろう」、あるいは「……するはずだ」という仮定系の上に成立しているのです。しかし、人間は、ヒューマン・エラーを犯すという命題から逃れられない以上、人間に警報システムの全てを託すということは許されるはずがありません。

「人間にミスのないようにさせることは、いろいろ工夫されているが、本来無理な要求と思われる。人間に判断を任せ、責任を取らせることは経済的に安上がりな方法であるが、本当に安全を考える場合に確実な方法とは言えない。人間は緊張していれば、ミスを少なくできるが、すぐ疲れてしまうので、いつでもミスを少ないことを期待できるものではない。すなわち、人間に判断を任せる限り、絶対的な安全は確保されるはずがないのである」（鈴木喜久「アラームの役割と今日的課題」『安全』中災防、平成三年一〇月号八頁）。

ところが、安易に、人間は信用できるという前提に立つ日本の自動火災報知設備であるだけに、火災史上、二三年間に二〇件、一六五人の死者を出すような悲惨な結果を招くに至ったのですが、いまだに、その根本的な解決が図られていないのは既に見たとおりです。

警報ベル　そして、ベル停止の最大の理由であるのは、警報ベル、特に地区ベルの音の大きさです。法令によれば九〇db以上となっているのですが、比喩的に言えば地下鉄の騒音並みでしょうか。深夜、この音を生まれて始めて聞いた主婦の感想は、1　大きな驚き、2　恐怖感、3　なにをしてよいか分からない、4　早くベルが止まればよい、5　こんな機械は要らない等々です（桑原稔「消防用設備の実務」『月刊消防』平成二年一〇月号一三二頁）。

この主婦の思いも、防火管理関係者の思いも同じでしょうから、例えば旅館・ホテルのような客相手の商売であれば、なおさら気を使って誤報の際の警報ベルで迷惑をかけないようベル停止をするのは、いわば避けがたい現象と言えるかもしれません。さらに、深夜、火災発生の際、大音響のベルが鳴り響けば、気の弱い女性であれば、たちまちパニック状態になるのは容易に想像されるところです。

昭和六二年六月六日午後一一時二〇分ころ、東京都東村山市にある特別養護老人ホーム「松寿園」（耐火造三階建床延べ面積約二〇〇〇平方メートル）から出火、当直していた二人の保母は警報ベルで火災を知ったのですが、二人は真っ先に、大音響で鳴り続ける地区ベルを何とかして停止させようとしたのです。

ところが電鈴停止の方法がわからず、受信機をいじっているうちに、何とか止めることはできたのですが、この間に三、四分空費してしまったのです。はっと二人は気付いて二階の出火室に走り、一人は通報、一人は消火器で消火しようとしたのですが、初期消火に失敗、次第に火災は拡大して寝たきり老人ら一七人が死亡するという痛ましい事故となりました。

何ゆえ最初に、ベルを止めようとしたのか理由は明らかではありませんが、大音響で鳴り響くベルを反射的に止めようとするのは、人間の行動としては当然というべきです。とにかく、冷静になりたい！　多分、二人はそう願ったのでしょう。それにしても、静寂のさなかに、一瞬にして九〇dbの大音響でベルを鳴動させるというのは、大脳の意識レベルのあり様から考えても、余りにも野蛮すぎるのではないでしょうか。

今、警報音は　要するに、眠っている人間の耳元で、大音響で警報ベルを鳴らせば、どんな状態になるか、なのです。警報の世界でこんな野蛮な方法をいまだに無神経に残しているのは、おそらく日本の自動火災報知設備だけかもしれません。

「民間航空機では離陸を中止できない速度以上に達した時点から、機首上げ二〇秒後または高度四〇〇フィート（一二〇メートル）に達するまではすべての警報を抑止し、これらの条件がクリアされた時点で重要度の高い警報から発報し、これに対して処置が終われば次の警報を発報するように、警報の抑止システムを採用している」（遠藤敏夫「警報と人間行動」前出『安全』一四頁）。

たとえ火災が発生したとしても、警報はＣＲＴ上に表示されるだけで、警報音はコックピットには大音響で鳴り響かないように配慮しているのです。無差別に鳴り響く自動火災報知設備とは大差です。

「航空機のエンジン火災時の警報ベルは、九〇db以上の連続音を出すので、まず、この音を消してからでないと、やかましくて次の操作はできないのである」、「そもそも人間は異常が発生すると、激しく動く計器指示や警報音のみに意識が集中して、それ以外の正常な指示をしている計器や情報を大脳のバイパス機能によって省略され、目にも見えなくなれば、耳にも聞こえなくなり、判断力が低下する」（野間聖明『ヒューマン・エラー』毎日新聞社二二〇頁）とされるのですから、「松寿園」の二人の保母が、最初に警報ベルを停止しようとしたのは、人間としては正しい行動であったのです。しかし、惜しむらくは簡単な停止電鍵の操作を知らなかったことです。当直者にとって受信機に関する簡単な知識は、いわば業務上の常識であるべきなのですから、これでは平素の心構えが全くなかったことになります。

しかし、それにもまして問題なのは、二〇数年間同一パターンの事件が、何回も何回も繰り返し発生しているにもかかわらず、一向に警報ベルのシステムを改めようとしなかった国の消防庁の行政のあり方ではなかったでしょうか。今、私鉄、ＪＲ等を問わず、電車の発車の合図には、ハープ・ピアノを使ったハーモニーベルが使われているような現状です。あのけたたましく鳴り響いた発車ベルなど、もうどこにもないのです。にもかかわらず、日本の自動火災報知設備の警報音は、依然として世のひんしゅくを買っているのですから、消防関係者の警報に対する考え方は、余りにも遅れ過ぎていると言わざるを得ません。そしてそれは、米国の自動火災報知設備を見ても一目瞭然なのです。

（二）米国の警報音

①　コードを打つ火災警報音

ＨＵＰの自動火災報知設備　かつて筆者らは、米国のフィラデルフィア市にあるペンシルベニア大学付属病院（ＨＵＰ—野口英世博士がここで研究していた）を訪れる機会があったのですが、実際に病院で、自動火災報知設備の警報音を聞いて、文字通り驚愕しました。それはベルでもサイレン音でもなかったのです。良く言えばオルゴールに近い音です。リンリン—リンリンリン—リン……とコードを打つのです。安全担当ディレクターの話では、最初の数字は出火棟、次は出火場所、最後は覚知種別（感知器、スプリンクラー、発信器）を表しているというのです。しかも、このコードを四回繰り返すと自動的に停止しました。

この機能から直ちに言えることは、日本の自動火災報知設備の警報は、在館者全員に火災発生を知らせ、速やかに避難すべしというメッセージを伝えていることに間違いはありません。しかし、ＨＵＰの火災警報の受け手は、入院患者を含め在館者全員ではなく、防火管理関係者のみを対象にしているものであり、そのメッセージの内容も、避難すべしなどとは全く関係がないのです。なぜ、そのようなことができるのでしょう？

全館避難の必要なし　このＨＵＰには必要な消防用設備は全て設置されているのです。全館スプリンクラーは言うまでもなく、自動火災報知設備と連動で病院内の全防火戸が閉鎖されます。実際に音もなく閉鎖される有様は見事なものでした。さらに地元のフィラデルフィア消防局とは直接通報で繋がっているというのです。およそ考えられる防災設備は全て設置しているのですから、彼らは自信を持って言うのです。「全館避難は必要がない」。

だからこそ火災警報は、現場に急行し消火等必要な措置を講じるよう、病院の防火管理関係者のみに必要なメッセージを伝えることが優先されるのであって、入院患者等に火災を知らせるものではないのです。従っておよそ、おぞましい大音量の警報ベルなど必要としなことになります。

誤報はあるのかと聞くと、一週間に三回くらいの割合であるという返事です。愚問を承知で「断」にすることはないかと質問すると、何と下らないことを聞くもんだといった顔付きで「そんなことをしたら、第一に困るのは我々ではないか」と苦笑していました。

確かに考えてみると、大規模病院で火災が発生した場合、昼間はともかくとして、夜間に避難許容時間内での全館避難は、おそらく不可能に近いのではないでしょうか。そうすると、全館避難はしないという目標をはっきりと定め、そのためには全館にスプリンクラーの設置をはじめ、必要な防災設備を完備するという防災概念が明確になれば、自ずと警報ベルも誰のために鳴らすのかが明らかとなって、右のようなコード付きオルゴールという優雅な警報音になったのでしょう。

このことは病院については、そう異とするほどのことではなく、桑原稔「消防用設備等の実務」（『月刊消防』平成三年一〇月号五一頁）によると、日本でも東京・築地の「聖路加国際病院」の非常ベルは、公衆用M型発信機を起動することによって、予めセットされた信号が発信され、その符号の通りにモールス式に、断続的にベルが鳴動するようになっており、その信号は出火場所等を示すものであるとされています。

本病院は戦後米軍に接収されたものであり、その影響もあって右のようなシステムが採用されたのか、あるいは戦前のシステムが戦後改良されたものか、よく分からないとするようですが、いずれにしても、病院という防火対象物の用途に応じた警報システムを考えたことは間違いのないところでしょう。少なくとも、日本のそれのように、病院も旅館・ホテルもデパートも、皆警報ベルが同じでなければならない理由はないはずです。

②　日米避難文化の差

信念として切らない！　しかし、米国とてＨＵＰのようなオルゴール式の警報システムばかりではありません。次に訪ねた新築早々の超高層ビル（六三階建）では、警報は電鈴でこそなかったものの、よく映画で軍艦の戦闘場面に出てくるような「ウオッ、ウオッ」というような短い警告音（警告音は九種類あり、現在はこの警告音を採用している）でした。そしてその直後に男性の声の合成音で「アテンション！　アテンション！　緊急事態が発生しました。直ちに近くの出口に行ってください。そして階段を降りて下さい。エレベーターは使用してはいけません」という非常放送が繰り返されるのです。

そして次が日本の避難と全く異なっていて、この非常放送を聞いた各テナントの従業員（火災階を含む上下三層）は全員避難するというのです。たとえそれが誤報であっても。これは日本ではまず考えられないところです。この超高層ビルはオープン早々で感知器がなじまず、約一年間で誤報が約二〇〇回近くあったというのですが、警報は切らないと言います。この質問に対して若い安全担当ディレクターは、胸を張ってこう答えました。

「受信機で切ろうと思えば切れる。しかし、信念として切らない！」。もうご立派、頭が下がる思いです。日本の防火管理者で、ここまで言い切れる人はいったい何人いるのでしょう。いやこれは、単なる防火管理者個人の問題ではなく、彼らがよって立つ社会基盤、すなわち、安全とは何かをしっかり把握した、国民の避難文化というべきものの日米の差ということになるのでしょう。さらに彼は開口一番、我々にこうも言うのです。「何でも質問してください！」。ちょっと話が難しくなると、すぐ実務担当者を呼ぶ日本の防火管理者と違って、実務家として足が地に着いているという感じでした。

ここではＨＵＰと違って、テナントの従業員は各自で避難が十分可能なのですから、とりあえず火災階及び火災直近階（日本は二層階）の避難を急がせるため、直接、警告音及び音声による警報で避難することを指示しています。もちろん、全館にスプリンクラーを設置（階段室までスプリンクラーを設置しているので、屋内消火栓は省略されている）しているので、火災直近階の避難で十分と考えているのですが、日本と違って消火を義務付けていないのが異なっています。消火は専門の公設の消防隊が行うべきものと役割・分担がはっきりしているのです。これは誤報の時も同様で、誤報か否かを決定するのも消防隊ということでした。従って、警報音を止めるのも消防隊なのです。また、九一一通報（日本とは逆）も直接通報ですから、防火管理関係者も避難誘導に全力を集中できるようになっています。

警報音のいろいろ

この超高層ビルの警報音も、そしてＨＵＰの警報音のいずれも、大音量の電鈴でなかったのですが、米国ではもちろん、警報ベルが全くないというわけではありません。

しかし、また、火災警報が大音量の電鈴でないところも多いのです。例えば、「国会議事堂防火技術部は一九八〇年に『ホー・ホー』というゆっくりとした警報音を出す感知設備を設置することを決定した」（海外消防研究会「米国国会議事堂の防火対策」『近代消防』二〇〇一年五月号九五頁）というのも、おそらく誤報を考慮した上の決定だったのでしょう。ホー・ホーという音がどんなものか具体的にはよく分からないのですが、このくらいなら、たとえ誤報でも国会議員のお叱りを受けることはないとでも考えたのでしょうか。

ところで日本の国会議事堂の火災警報ベルはどうなっているのでしょう。深刻な与野党対決の場で、突如として大音量の電鈴が鳴り出すようなことがあっては責任問題になりかねないと考えて、多分、ベル停止されているのでしょう。もちろん、これは推量の域を出ないのですが。

しかし、大規模のデパートや、あるいは超高層ビルなどは、次の事例のように、殆どベル停止が行われている可能性は高いのです。

第三章　音声警報の導入を急ごう！

（一）警報は警報！

①　〝確認〟の弊害

目で見ない限りは？　開かない〝錠〟の恐怖（第二部）では、日生三宮ビル火災の事例を紹介したのですが、この火災の際、ビルの在館者が火災に気付いた理由をアンケートしたところ、次のような結果でした。

　1　非常ベル（三・〇％）、2　放送（一五・二％）、3　消防車のサイレン（一三・三％）、4　騒ぎ・叫び声（一〇・四％）、5　他人からの知らせ（二〇・三％）、6　煙（二〇・六％）、7　その他（一七・二％）。

　一見して〝非常ベル〟が他に比して少ないのが目を引きます。その理由は簡単で本ビルの防火管理者は、防災センターで火災発生を知ると、直ちに保安員に現場確認を命じるとともに、主ベル及び地区ベルを停止したのです。しかし、その直後に非常放送で全館に火災発生を知らせているので、防火管理者としては手落ちはありません。しかし、手落ちはなかったとしても、早すぎたベル停止は、右のアンケートに現れているように、避難が遅れた最大の原因となったのです。

　ところで問題は次の数字です。昭和五五年三月一七日午後八時一二分ころ、東京都千代田区にある富国生命本社ビル（耐火造地下五階地上三〇階建延べ床面積約八万九〇〇〇平方㍍）の三階ＥＰＳ内から出火しました。防災センターで出火を知った警備隊長は隊員に現場確認を命じ、煙を確認した隊員の報告により、非常放送で全館に避難する指示したのです。火災は幸い一部の焼損程度で鎮火したのですが、この火災の際に在館した人々が、何によって火災を知ったかをアンケートしたのが次の数字です。

1　放送を聞いた（六四％）、2　人から聞いた（一九％）、3　煙を見た（一二％）、4　においで（一％）、5　サイレンを聞いて（一％）となっています。

しかし、奇妙なのは非常ベルという項目がありません。日生三宮ビル火災の場合は少ないとはいえ三・〇％はあったのです。なぜ本火災の場合にはないのか。筆者は現場に行って調べたわけではないのでこれも推量の域を出ないのですが、おそらく地区ベルは停止されていたのでしょう。だから誰一人として非常ベルの音を聞いていないのです。

〃確認〃の弊害　しかし、地区ベルは切っていても、防災センターで火災を覚知し、直ちに現場確認に行かせ、その報告を得た後、非常放送をしたのであるから、防火管理上手落ちはないという強弁もあるかもしれません。現に次のような考え方もないではありません。

「地区音響装置が停止されている場合であっても、これを解除し地区音響装置の鳴動ができるもの……非常電話等で……受信機監視員とが相互に連絡でき、……等防火管理体制が良好なものによっては、地区音響装置を人によって操作してよいとして検討すべきである」、「防災機器や防災システムが精密・精巧なものとなり、より良いものが開発されても、防災を図る上において如何なる場合にも、その接点には人間が介在するものであり、全て機器に依存する防火管理はあり得ないという認識に立って、諸施策を樹立する必要がある」（防火管理体制研究委員会『自動火災報知設備の非火災報対策に関する報告書』四九頁）。

要するに、人間が警報設備を使用する以上、その都合次第によっては、警報システムを解除することは許されると説くのですが、これは〝安全人間工学〟を全く理解していない証左という外ありません。考え方が逆なのです。ヒューマン・エラーが存在する以上、安全系から人間が介在する領域を、なるべく排除しようとするのが、安全人間工学的発想なのですから（前出鈴木七七頁参照）、消防関係者のこのような発言が許される理由はありません。ベル停止が招いた幾多の悲劇は既に紹介したとおりですが、防災技術の粋を集めたような富国生命ビル火災でも、次のように、一歩間違えば大惨事に発展する余地さえあったのです。

例えば、右の火災では覚知後（二〇時一五分）、現場確認に行った警備員の煙発見という報告が二〇時二四分ころで、その四分後に第一回目の非常放送が行われている（火災覚知より一三分後）のであり、同警備員の二回目の報告が二〇時三〇分ころで、同じくその四分後に二回目の非常放送が行われているのです（火災覚知より一九分後）。この二回目の非常放送で全避難者が真火災と確信したというのですから、もう少し火災の延焼速度が速ければ、多数の避難困難者が出ていた可能性があるのです。こんな悠長な火元確認など百害あつて一利なしではないでしょうか。

②　警報は警報

〝確認〟して死亡　さらにもっとシリアスな例さえあります。昭和六三年五月四日、ロスアンゼルス市にあるファースト・インターステート銀行ビル（地下四階地上六二階建、高さ二六〇㍍各階床面積約二〇〇〇平方㍍）の一二階事務室から出火しました。当直警備員は火災信号を受信したにもかかわらず、非火災報と軽信して復旧ボタンを何度か押した後、火災発報区域が急速に広がったのを見て、ビル・エンジニアに火災現場確認を依頼したのです。

そこで彼は火災信号で自動的に降りてきたエレベーターに乗り、火災階に向かったところ、出火階で停止してしまい、そのままエレベーターの籠の中に閉じこめられ、そして死亡しました。直接、火災階に向かったという無謀さもさることながら、受信機で急速に発報区域が広がっている以上、火災に間違いがないのですから、当直警備員は直ちに非常放送で全館に避難の指示をすべきだったのです。現実に出火場所まで行って炎を見ない限り、火災警報は出せないものでは決してありません。

チェルノブィリ原発事故　一九八六年四月二五日、旧ソ連のウクライナにあるチェルノブィリ原発四号炉で大爆発火災が発生し、消火等に従事して急性被曝した原発職員や消防隊員等が死亡（事故による直接死者は三一人）し、発電所周辺半径三〇㌔圏内の住民一三万五〇〇〇人が直ちに避難するのみならず、世界的規模で放射能汚染をもたらしたチェルノブィリ原発事故は、改めて原発事故の恐ろしさを示したものでした。

ところでこの事故の発端は、原子力発電所の全交流電源喪失事故（直ちに原子炉の暴走に繋がる）に備えて、タービン慣性運転出力による実験中に起きたのですが、この実験を急ぐあまり、非常用炉心冷却系等の安全系を全て「断」にして実験中に、原子炉が制御できなくなり、それが暴走に結びついて大事故が起きたのです。事故調査委員会もこのことを強く非難しているのですが、要するに絶対に「断」にしてはならない自動制御されている多重防護の安全系を、いとも簡単に全て解除して実験したのですから、事故は起こるべくして起きたのです。

自動火災報知設備もこの点については全く同じです。その警報システムを予め解除しておくことは、警報システムを設計した理念に照らして許されることではないのですから、右『報告書』にいうように、「現場確認」することが十分担保されているのであれば、ベル停止をすることは許されると説くのは、最初からシステムの信頼性に疑いを持つことになるのです。それは、警報システムそのものの存在を否定することになりかねないのです。単線鉄道で正面衝突事故が再三発生するのは、この種の考え方の延長が原因です。例えば、目の前の信号が赤であっても、これは信号の誤りであると列車の運転士が勝手に判断して、事故を起こすのと全く同じことなのです。

（二）全対象物に音声警報の導入を急ごう！

①　警報とメッセージ

音声警報　平成六年に消防法令が改正され、非常用放送設備の必要な防火対象物については、火災受信機と連動して自動的に非常放送される「音声警報」が必要となりました。自動火災報知設備と非常用放送設備を連動にしておけば、火災発生の場合には、次のように自動的に放送してくれるのです。

（感知器発報放送）

「ただいま○階の火災感知器が作動しました。係員が確認しておりますので、次の放送にご注意ください」。

次いで、さらに感知器が作動した場合、発信器が押された場合、二～五分無操作であった場合等には次のように自動的に放送されます。

（火災放送）

「火事です。火事です。○階で火災が発生しました。落ち着いて避難してください」。

誤報であれ、真火災であれ、大音量の警報ベルがけたたましく鳴るだけの警報と違って、少なくともメッセージを持った警報を男性の声（合成音）でソフトに伝えるのですから、仮にそれが誤報であっても客等にあまり迷惑を与えず、従って、火災受信機のベル停止や電源遮断等をしないだろうという考えなのでしょう。筆者も、もちろんこのシステムには賛成なのですが、しかし、一抹の不安がないわけではありません。

パニックは防止できるか！

かなり資料は古いのですが、デパートで火災が発生した場合、多数の死者が出ることを避難計算で検証した例があります（岡田光正「百貨店建築の解体と新生」『建築文化』昭四九年三月号八四頁）。それによると、大阪市内のデパートのピークの平均混雑度は一・二九人／平方メートル（標準値は〇・五人／平方メートル）で、仮に売場面積が四〜六万平方メートルとすると、店内には約五万人くらいいることになり、地上七〜八階建地下一〜二階という標準的な箱型のデパートで、階段が建築基準法どおり設置されていたとしても、地上一、二階のいずれから出火して延焼し始めたとすると、必要避難所要時間は約一四分（ネックとなる二階から一階に降りる階段の流出係数を一・三人／メートル秒とする）となって、避難許容時間を約七分とした場合、在店者の約四〇％二万人が死亡するというのです。避難計算の考え方は現在でも全く同じなので、この結論は現在でも立派に通用します。

さて、以上のような結果を踏まえながら、右の「感知器発報放送」が、歳末バーゲン等で大混雑のデパートの店内に自動的に流されたとします。どんなことが起こるのでしょう？　もちろん平然と聞き流される場合が大半かもしれません。しかし、場合によっては、かつて下関大丸の店内売場で発生したパニックは、電線のショートの煙を見た客の「火災……」の一言で、瞬く間にパニックが広がったように、この放送の「火災……」で瞬時にパニックが発生しないと誰が保障し得るのでしょう。

現に平成一三年七月二一日夜、兵庫県明石市の花火大会の際、幅約六メートル、長さ約一〇〇メートルの歩道橋内で約五〇〇〇人を超す人で（岡田光正・阪大名誉教授は、歩道橋内は五人～一一人／平方メートルと推定している――同七月二七日付日経）身動きがとれなくなり、間もなく、パニックが始まり、死者一一人負傷者一二三人が発生したのです。ましてや、満員のデパートの売場で無機質の「火災発生！」という合成音の火災放送を聞けば、どんなことになるのか？　背筋が寒くなりそうです。だからこそ、大規模デパートや超高層ビルでは、このパニックを恐れて、いかに非火災報対策をとろうとも、なお、ベル停止をしているというのが現状なのではないでしょうか。

②　今、各防火対象物でやるべきことは！

画一的規格が問題？　満員のデパートでのスムーズな避難が期待し難いのと同様に、大規模病院の全館避難も容易でないのは確かです。そうすると現在の火災警報ベルは、誰に何を知らせようとしているのか、一向に明らかでないことになります。その点、既に述べたＨＵＰの自動火災報知設備のコンセプトは極めて明快です。火災警報は防火管理関係者向けであり、少なくとも患者向けではありません。そしてこのようなことが可能なのは、全館にスプリンクラー等の防災設備を完備しているからこそでしょう。

このように考えるならば、病院・福祉関係施設、デパート、ホテル・旅館等その他については、その規模・用途等に応じた最適の自動火災報知設備を選択し得る余地が許されてもよいのではないでしょうか。なぜ、病院と事務所ビルとで同じ機能の自動火災報知設備を使用しなければならないのか、不可解としか言いようがありません。しかし、この矛盾を放置し得ないと考えたのか、「自動火災報知設備（警報設備）のあり方検討報告書―平成一一年」（同検討委員会）は、次のようにその改善案を述べています。

すなわち、百貨店、病院等における災害弱者の出入りを考慮して、「これらの施設のシステムでは、アナログの機能を活用し、より早期に火災を覚知するとともに、音声による二段階警報（感知部が作動した旨の警報から火災を確定した旨の警報）、……と併用した機能」により、避難行動が速やかにできるようなシステムの開発が必要である（前出報告書二七頁）と、します。

しかし、既に検討したように、混雑する大規模百貨店や病院等では、そもそも全館避難そのものが成立し得ないのですから（これを軽視すると明石市のような事故が起きる）、自動火災報知設備を如何に改善しようとも、その機能には自ずから限界があることになります。にもかかわらず「……総合操作盤の基準化により、火災の拡大状況に応じた火災情報を防災センターで求められる等、自動火災報知設備は防災システムの中核としての重要性が増している……」（前出報告書九頁）と、あたかも自動火災報知設備が、防火設備の主役のように自賛するのですが、少なくと自動火災報知設備は消火はしないのですから、傍役であっても主役たり得ず、重視すべきは自動消火機能を有するスプリンクラーであるのは言うまでもありません。

従って、今後の自動火災報知設備のあり方を考えるとすれば、スプリンクラーの設置対象物にあっては、ＨＵＰのように火災警報メッセージは、誰に、何を、伝えたいかのコンセプトを明確にした多用途型の自動火災報知設備の開発が必要でしょうし、さらに、スプリンクラーの設置されていない対象物にあっては、国の施策としてその設置促進を図ることこそが重要なのです。最近、個人の住宅でもスプリンクラーの設置の必要性が叫ばれている（米国では数％と言われている）のですから、ましてや防火対象物にスプリンクラーが設置されなくてもよいと理由はありません。これは一見、迂遠のように思えても、市民を火災から守るための捷径であることに間違いはないでしょう。

音声警報の導入　しかし、そうは言っても現実は現実ですから、現在、各対象物の防火管理者が、最も急いでとるべき非火災報対策としては、「音声警報」の導入だろうと筆者は考えています。既に述べたように、非常用放送設備の設置義務のある対象物は、火災受信機と連動し、自動的に非常放送される音声警報が必要とされるようになったのですが、この改正は平成六年四月一日以降に建築される建物に適用されるとなっているので、既存の対象物にはこの改正は及ばないことになります。

従って、自主的に「音声警報」を導入したという対象物はともかく、殆どの対象物ではその改修は見送られているはずですから、非火災報やベル停止の問題は依然として残されたままということになるのです。しかし、当面の対策として、非火災報やベル停止に対しては、一般的にはこの「音声警報」は有効なのですし、さらに、自動火災報知設備と連動にしておけば、仮に火災警報の覚知後、防火管理関係者が不適切な行動をとったとしても、自動的に「音声警報」は非常放送されるのですから、ヒューマン・エラーのカバーとしても有用な方法であることは言うまでもありません。

法令が宥恕しているからと言って、必ずしも安全が保障されているわけではないことは本防火管理シリーズ（近代消防ブックレット№１）『新しい防火管理』（五頁～一六頁）に詳述したとおりです。自分の安全は自分で納得する以外に方法はありません。積極的に「音声警報」の導入を考えるべきではないでしょうか。

※火災教訓３

自動火災報知設備の限界を知ろう！

規則に違反！　有名なＳＦ小説「ウォー　ゲーム」（デビッド・ビショップ）の中でこんな話が出てきます。ミサイル・サイトで待機中のミサイル将校二人が、直ちに「ミサイルを発射せよ！」というコンピュータのディスプレイ上の命令に納得せず、規則違反は承知で、必死に航空団指揮所に電話連絡をとろうとする場面が描かれています。

「しかし、大尉。規則に反します」。

「くそくらえだ。黙って二百万の人間を殺せるか！」（ハヤカワ文庫一九頁）。

この挿話は、人間の大量殺戮につながるミサイル発射を、単にコンピュータの表示命令だけでは実行し難いことを表しています。

つまり、いかにマニュアルで決められていても、最後の重大な判断になると直接、自分の耳なり、目で確かめなければ実行しないのです。現在の火災受信機は、簡単なデジタル信号ではなく、感知器から受信機には詳細な火災データが送られるようになっています。例えば、「アナログ・システム」では感知器からリアルタイムで、熱や煙の情報をアナログ連続量として受信機に送り、受信機ではこの情報を予め設定している感知器ごとの値（感度・蓄積時間・

予告警報レベル）と照合して、それらに対応した動作を行う（予告警報レベルであれば予告警報、火災レベルであれば火災警報）よう改良されています。

しかし、「アナログ・システム」で仮に真火災レベルの警報が発報されたとします（警報ベルは切っているとします）。その時、受信機の監視員はどうするのでしょう。直ちに全館に向かって警報ベルを鳴らし、火災が発生した旨非常放送するのでしょうか？　直ちにフィラデルフィア市の超高層ビルの防火管理者のように、火災階（上下階を含む）の全テナントに対して、避難を呼びかけるのでしょうか？

そうはせず、多分、右のミサイル将校同様に、自分で現場に行き自分の目で確かめようとするか、あるいは現場に電話して確認を求めるのではないでしょうか。そして、この「確認」には種々の弊害があることは既に見たとおりです。つまり、火災警報が発報されて、それに応じて人が避難するという警報システムは虚構以外の何者でもないのです。その根元にあるのは非火災報であり、これがゼロにならない限り、「確認」もまたゼロにはならないのです。

一九四〇年代から約二三年間に、火災の際、二〇例がベル停止していて、このため一六五人が死亡したのですが、このうち、スプリンクラーが設置されていた火災例は一例もありません。この火災警報システムの「虚構性」を黙認する限り、なお、事故は続くおそれがあります。自動火災報知設備の限界を認め、そして、できる限りスプリンクラーの設置拡大を意図することこそ、火災による被害を最小限に抑える最良の手段なのです。

（おわりに代えて）

終章

法隆寺火災四〇年後の調査　本書の冒頭で筆者は米国に比し、我が国では五〇年前の火災事件ともなれば、事件を回想したり、事件の記念事業が行われることなどは絶無であり、ましてや、五〇年前の火災事件の再調査など行われたことはないと、やや辛口の批判をしました。しかし、これは誤りで、再調査については四〇年後ではあるのですが、消防関係者ではなく、新聞記者によって、法隆寺火災の出火原因の追及が改めて行われています。その概要を次に簡単に紹介したのですが、内容を読めば読むほど、記者としての執念と、また火災事件は実に複雑なものであり、そして原因を決定するのに、如何に困難を伴うものか、さらには推理の独創性まで必要とされる等々について、改めて考えさせられました。これも火災教訓の一つであることには間違いありません。興味のある方はぜひ『法隆寺金堂炎上』（遠山彰、朝日新聞社）を、お読みになることをおすすめします。

法隆寺の出火原因の怪！　昭和二四年一月二六日、奈良県斑鳩の里にある世界最古の木造建築物である法隆寺金堂が焼け、国宝の壁画の大半を失ったため、後、昭和三〇年になって文化財保護のために、文部省（当時）が一月二六日を「文化財防火デー」と決めたのはよく知られているところです。

さて、この火災の出火原因ですが、当時、一〇人程度の画家によって壁画の模写が行われていたのですが、冬期に火の気の許されない金堂内の模写作業は、画家たちにとって厳しすぎるということになって、電気座布団が使用されるようになったのですが、故障続きで、しかも使用され始めて八日目に出火したのですから、真っ先に疑われたのはやむを得なかったかもしれません。

仮設の引込柱から電源が配電室に引き込まれ、各スイッチを介して金堂内に配線され、その先にタップが付けられていて、中間スイッチ付きの電気座布団を使用するという、国宝の金堂の中の作業にしてはかなり杜撰な工事だったと言われていたようです。模写作業が終了すると、その日の最後になった画家か配電室のスイッチを全部切って宿舎に帰るという仕組みになっていたのですから、もし、電気座布団からの出火であれば、画家の誰かがスイッチを切らなかったことになります。

しかし、その後の捜査によれば、最後の画家がスイッチを切っているのを、他の画家が見ていることや、火災の際、真っ先に駆けつけてきて配電室の様子を見た工事事務所の電気技師が、スイッチは切れていたと証言しているのですから、電気座布団からの出火は否定せざるを得ません。ところが、鑑定結果等により、電気座布団の使用中に既に着火していたとすれば、スイッチは切られていても、模写作業終了後の出火の可能性はあるとして、当時の国宝保存工事事務所所長及び職員二名、電気座布団納入者一名が起訴されたのですが、第一審では結局、業務上失火罪については四被告人全員が無罪になったのです（奈良地判昭二五・五・一〇）。

二〇年後の告白　さて、この事件が奇怪なのは、事件後二〇年も経って当時の工事事務所の電気技師が、実は事件当時の配電室のスイッチは切られていなかったと新聞に告白したからなのです。何を今更、ということになるのですが、当時、偽証したのは、真剣に働く画家たちを罪に落としたくなく、つい、偽証したもので、今、真実を告白するのは、事実を明らかにするものであり、時効で犯罪は成立しないと考えたからであると言うのです。

四〇年後の調査　これらの事実から法隆寺火災事件について、不審を覚えた遠山彰・朝日新聞記者が、生存者の証言等を集めて詳細な検討の結果が本書となっているのですが、驚くべき結論が述べられています。

生存している画家の再証言では、電源は絶対に切ったというのですから、二〇年後の技師の告白とは全く相反することになります。そうすると、どちらかがウソをついていることになるのですが、仮に双方が真実を述べているとすれば、画家たちがスイッチを切った後で、誰かが、もう一度スイッチを入れたことになる、すなわち、放火だと本書は主張するのです。その真偽はともかくとして、法隆寺火災事件はその背景の複雑な点においても、学ぶべき火災教訓の一つであり、さらに、その四〇年後に執念というべき調査により、放火説を浮き彫りにした著者の執念に、消防・防火関係者は改めて学ぶべきものがあるように思われるのです。

今、「失敗学」が　火災教訓を風化させないためには、右のような「執念」が必要なことは言うまでもないのですが、火災による多数の死者発生事例を防火管理の「失敗」と見ることができるのであれば、今、盛んに言われる「失敗学」の対象になることも、また可能かもしれません。

茨城県東海村で一九九九年に起きた核燃料工場臨界事故や国産ロケットの打ち上げ失敗を受けて、文部科学省は失敗知識活用研究会を設けてこのほど報告書をまとめ、失敗の発生要因として「情報の断絶や途絶」など八項目を指摘、失敗のデータベースを作り、教訓を共有しようと提言していると伝えられています（平成一三年七月二九日付日経）。

本書においても『失敗学のすすめ』（畑村前出）から、その教訓をしばしば引用したのですが、しかし、右報告書がいまから失敗のデータベース作りから始めようと提言しているの対し、既に火災事件に関しては、膨大な火災教訓の収集は終えているのですから、その点については、やや進んでいると言えなくもありません。問題は火災教訓からどんな結論を導くかにありそうです。例えば、火災警報ベル停止を防止するために、現在のような非火災報対策一本槍というのも、かなり単純すぎるきらいがあるのは本文で述べたとおりなのですから、場合によっては「失敗学」的発想により、これら火災教訓データの再検討を行えば、あるいは有用な結論が得られかもしれません。

そして、また同時に、防火管理の各現場においても、過去幾多の火災事例から得られた貴重な火災教訓の風化を防止し、それを業務に生かし、次世代に語り継いでいくことこそ、防火管理関係者の今、最も求められている責務でもあるのです。本書がこのために幾分かのお役に立てば望外の幸せです。

平成一三年初秋　　著者

小冊子シリーズ「近代消防ブックレット」の刊行にあたって

20世紀はめざましい科学や技術の進歩により、わたしたちの生活を日々刻々と変革しました。核の融合は自由に人間の制御するところとなり、インターネットによる情報は全世界を瞬時に駆けめぐり、ヒトゲノムの研究により遺伝情報解析でエイズ等難病はやがて難病でなくなる日も近づいていますが、20世紀をささえたシステムが行きづまり、いろいろなところで危機的状況を迎えています。

21世紀は、こうした進歩のもたらすものを、単に受け入れるだけであっては、理想的な社会を作り出すことはできません。必要なことは、日々新しい現実を常に新たな基礎としてふまえ、その上に創造性に富んだ、人間本位の社会を造ることが必要でしょう。

それこそ、国民一人ひとりが想像力を発揮し、積極的に生きがいを求めていく社会にほかなりません。そこで追求されるのは経済的な豊かさだけでなく、本質的な人間性の尊重から、科学や技術は調和ある安全な都市や健康の増進、公害の撲滅そして自然との共生といった方面に、前向きに駆使されていくことであり、芸術も宗教も科学と調和し、融合していくこととなりましょう。

しかし、そのためには、最新の成果が国民一人ひとりのものとして公開されていくことが前提となります。知識や情報が特定の人間のものであった時代、あるいは偏った情報ばかりが誇大に伝えられた時代は、人々にとって不幸な時代といわなければなりません。情報はその量より質に重きがおかれなければならず、利潤の追求は常に社会的使命に付随したものでなければならないことを改めて自覚する次第です。

本シリーズが、たゆまぬ変化、多様な選択が求められる時代に、柔軟に対応しうる知性の糧となり人間本位の社会が創造されることを願ってやみません。

●著者紹介

森本　宏（もりもと・ひろし）

一九三〇年、神戸市に生まれる。
一九五四年　関西大学法学部卒業
一九五五年　神戸市消防吏員
一九七八年　神戸市消防局査察課長
一九八二年　神戸市北消防署長
一九八五年　神戸市葺合消防署長
一九九六年　神戸女子短期大学非常勤講師
二〇〇一年　三月退職

著書　「判例からみた防火管理責任論」、「判例からみた消防行政責任論」、「気くばり防火管理のすすめ」、「続・気くばり防火管理のすすめ」、「ファイヤー・シミュレーション・ブック」①病院火災、②ホテル・旅館火災、③デパート火災、「マンガ防火管理入門」、「防火管理とヒューマン・エラー」、「〝危険犯〟の考え方」、「新しい防火管理」「あなたは〝名宛人〟を間違えている！」「違反処理に自信を持とう！」その他